AI Injected e-Learning: The Future of Online Education

미래의 온라인 교육

AI 기반 e-러닝과 개인화 학습

Matthew Montebello 저

임유진 · 홍유나 · 김세영 · 김보경 역

박영story

역자 서문

과학기술의 발전은 전 세계적으로 사회, 경제, 기술, 환경, 정치 등 다양한 분야에 새로운 패러다임을 형성하며 미래 사회의 변화를 주도하고 있다. 특히 과거에 전문적인 분야로만 여겨졌던 '인공지능'은 4차 산업혁명과 더불어 우리 사회 전반을 이끄는 핵심기술이 되었으며 미래 교육 정책의 방향성을 제시하는 데에 주요한 역할을 하고 있다.

급변하는 사회에서 살아야 하는 우리는 시대적 변화에 발맞추기 위해 학교교육뿐만 아니라 재교육 및 평생교육의 필요성을 어느 때보다 절실히 인식하고 있으며 이에 따른 학습자의 요구는 더욱 다양해지고 있다. 앞으로는 학습동기, 학습자 경험과 역량을 분석하여 학습자 요구와 흥미에 맞는 개별화 교육이 확산될 것이며, 최근 언택트 트렌드로 인한 비대면 교육과 온라인 교육은 이를 더욱 빠르게 촉진하고 있다.

역자들은 교육공학자로서 효과적·효율적인 개별화 교육을 위해 인공지능이 적용된 e-러닝의 중요성을 인식하고, 앞으로 다가올 AI 기반의 e-러닝 모습을 독자들과 공유하고 싶어 이 책을 번역하게 되었다. 이 책을 통해 학습자에게 진정으로 의미 있는 교육이 이루어지기 위해 '교육이 무엇인가'에 대한 원론적 질문으로부터 출발하여 그동안 e-러닝의 교육적 한계들에 대해 고찰하고 인공지능 시대에 개별화 교육이 갖는 의미가 무엇인지, 개별화 교육을 실현하기 위해 어떠한 기술적 환경이 필요한지에 대해 교육학적 고민과 성찰을 하고자 하였다.

이 책은 지금까지의 e-러닝의 발전과정과 e-러닝의 혁신을 촉진하는 테크놀로지를 맥락적으로 살펴보고자 하였다. 또한 MOOC, 크라우드소싱, 소셜 네트워크와 같은 지식공유를 이해하고 한 단계 나아가 인공지능이 적용되는 학습자 프로파일과 개인화, 개인 학습 네트워크, 개인 학습 포트폴리오와 개인 학습 환경, 맞춤형 e-러닝 모델을 제안하였다. 이 책의 독자가 될 교육자, 연구자, 또는 e-러닝 기획자가 AI 기반 e-러닝의 미래와 테크놀로지에 대한 이해를 넘어 e-러닝을 설계하고 운영할 때 고려해야 하는 것이 무엇인가에 대한 구체적인 통찰을 얻기를 바란다.

임유진, 홍유나, 김세영, 김보경 역자일동

서문

이 책은 크라우드소싱의 개념과 e-러닝 및 개인화에 대한 융합적 아이디어에서 시작되었다. 저자는 직장생활 초기 교육분야에서 일하며 오랫동안 e-러닝이 주된 관심 분야였고, 80년대 후반에 개인용 컴퓨터가 등장하면서 컴퓨터 과학으로 관심사를 확장하였다. 정보기술이 교육에 적용되면서 이 분야는 더 많은 연구, 실험, 개발이 필요한 영역이 되었다.

2014년 University of Malta 학부 수업에서는 e-러닝의 효과성을 높이기 위해 e-러닝과 여러 기술들을 결합하여 프로토타입을 만들어내는 프로젝트가 시작되었다. 이 프로젝트는 2015년에 맞춤화 과정을 통해 e-러닝의 수준을 한 단계 높이는 큰 변화를 맞이하였다. 같은 해 여름, 데이터 수집 방법을 혼합하여 수많은 결과를 검증하기 위해 Malta의 국가 교육 기관과 협력하여 본격적인 실증 연구를 진행하였다. 연구결과는 e-러닝에서 사용된 테크놀로지, 방법론, 그리고 철학적 근거를 규명하는 데 도움이 되었다.

저자는 독자들이 이 책에서 제안하는 e-러닝 모델에 대한 이해뿐 아니라 컴퓨터 과학이 교육에 어떻게 적용되어 왔는지, 그리고 e-러닝이 어떻게 발전해 왔는지 이해할 수 있기를 기대한다. 테크놀로지와 e-러닝의 병렬적 진화 과정을 이해하는 것은 미래 온라인 학습의 방향성을 이해하는 데 도움이 될 것이다. 이 책에서 제안하는 모델의 개념, 추론 및 이론적 근거는 고등교육 학습자들을 대상으로 실제 적용하여 검증된 지식을 기반으로 한다. 이 책은 21세기 초연결 사회의 요구에 따라 e-러닝 연구자들이 미래교육 플랫폼을 개발하고자 할 때, e-러닝의 효과성을 높이는 데 유용한 가이드가 될 것이다.

저자는 이 책을 집필하는 동안 그동안의 실증적 연구를 되돌아보고, 여러 동료 학자들과 토론하며 그들의 다양한 관점과 피드백을 반영함으로써 이 모델을 정교화할 수 있었다. 동료 학자들의 긍정적인 반응과 건설적인 비판을 통해 향후 e-러닝의 미래를 전망하고 방향성을 제시할 수 있었다.

이 책을 집필하면서 저자는 교육학적, 철학적인 추론이 지나치게 복잡할 수 있으므로 너무 많은 테크놀로지를 통합하여 제시하지 않고, 인식론적 신념을 유지하면서 저자의 사고과정을 독자들에게 전달할 수 있는 효과적인 방법을 찾아갔다. 이 과정을 통해 인공지능 학자, 연구자, 교육자뿐 아니라 독자들을 매료시킬 수 있는 작가로서의 역할을 더할 수 있었다.

인공지능 학자로서 개발 및 AI 알고리즘 측면에서 학습자 프로파일에 적용되는 프로그래밍 언어나 특정 머신러닝 기법 등을 자세하게 다루고 싶었으나, 제안된 모델의 장점이 부각되는 것에 중점을 두었다. 이 책에서 제안하는 모델의 개념과 기법이 그 자체로 유용하게 활용되기를 기대한다.

Malta Gozo섬 Xaghra에서 Matthew Montebello

2017년 7월

감사의 말

이 작업은 University of Malta AI 학과 동료 학자들, 학생들, 그리고 University of Sheffield 사범대학 학자들의 공헌 없이는 불가능했을 것입니다. 지난 6개월 동안 이 책을 완성할 수 있도록 아낌없는 지원과 격려를 해 준 가족과 친구들에게 감사의 인사를 전합니다.

목차

작가 소개

Matthew Montebello 교수는 몰타 대학교 ICT 학부의 인공지능학과 전임 교수이다. 1999년 Cardiff 대학에서 컴퓨터 공학 박사 학위를 받고, 2009년과 2016년에는 e-러닝에 인공지능을 적용하는 데 전문화된 M.A.와 Ed.D(Higher Education)를 수료했다. 관심 분야는 에이전트 기술, 웹 사이언스, 모바일 테크놀로지, 테크놀로지 기반 교육이며, *Handbook of Research on Digital Learning*, *Ambient Intelligent Classrooms—Beyond the Indispensable Educator* 외에 AI 및 e-러닝에 대한 다수의 저서를 집필하였고 연구를 수행하고 있다.

Acronyms

AI	Artificial Intelligence
AmI	Ambient Intelligence
AmILE	Ambient Intelligent Learning Environment
CGI	Common Gateway Interface
DTD	Document Type Definition
FTP	File Transfer Protocol
HTML	Hyper Text Mark-up Language
IoT	Internet of Things
LMS	Learning Management System
OER	Open Educational Resources
OSI	Open-Source Initiative
PAN	Personal Area Network
PLE	Personal Learning Environment
PLN	Personal Learning Network
PLP	Personal Learning Portfolio
RDF	Resource Description Framework
TCP/IP	Transmission Control Protocol/Internet Protocol
W3C	World-Wide Web Consortium
Web 2.0	Second generation Web technologies
WWW	World-Wide Web

그림 목차

Chapter

01

서론

미래의 온라인 교육
AI 기반 e-러닝과 개인화 학습

서론

컴퓨터 과학 분야에서의 인공지능(Artificial Intelligence, AI)과 교육 분야의 e-러닝은 일반적으로 서로 연관되지 않는데, 그 이유는 서로 호환되지 않거나 상호보완적이지 않기 때문이 아니라 여러 가지 다른 비기술적인 이유 때문이다. 원격교육에서 출발한 초기의 e-러닝은 모든 개별 학습자에게 맞도록 특별한 학습 콘텐츠를 제공하는 개념이 존재하지 않았고, 콘텐츠를 제공하는 기관들도 그렇게 할 필요성을 느끼지 못했다. 교육 프로그램과 교육 자료는 일반적인 수준에서 설계되었으며, 대면 학습 환경에서처럼 하나의 콘텐츠가 모든 상황에 적용되도록 설계되었다. 따라서 교육에 지능형 연산(intelligent computations)을 적용하는 것은 상상할 수 없었고 필요하지도 않았다. 이러한 사실 외에도 학습, 교육, 가르침은 결코 기계로 대체될 수 없다는 이념적 장애물이 항상 존재해 왔으며, 따라서 숙련된 전문가들에게만 맡겨야 할 교육 영역에 어떤 형태의 인공적 처치를 적용한다는 발상은 비판되고 무시되었다.

AI는 e-러닝이 형성되기 훨씬 이전부터 시작되고 발전하였음에도 불구하고 AI가 교육에 적용될 수 있다는 가능성을 발견하지 못했다는 점 역시 교육에 지능형 연산을 적용하지 못했던 또 다른 이유였다. 이는 AI에 부정적인 영향을 미쳤으며, 교수자에게 일반적으로 요구되는 복잡성과 능력들을 AI에게 맡길 만큼 심각하게 고려되지 않았다. 그 이후로 AI는 발전하였고 더 광범위하게 적용되었으며, 기계로 대체할 수 없을 것이라고 생각했던 복잡하고 모호한 상황을 명확하게 정의할 뿐만 아니라 인간처럼 다양한 영역에서 복잡한 문제에 대해 혁신적인 해결책을 찾아낼 수 있게 되었다. 이제는 교육 환경에서 인간의 전문성을 대체할 수 없다고 생각되었던 복잡한 학습자 프로파일링을 자동화 시스템에 맡겨야 할 때이다. 시스템의 성공적인 적용을 위해서는 이러한 시스템을 사용할 수 있는 능력도 중요하지만 무엇보다 학계 실무자와 관리자 모두의 신뢰가 뒷받침되어야 한다.

AI가 교육에 적용되지 못했던 상황이 반복되고 컴퓨터 과학자들이 주장했던 역할이 제공되지 못한다면, AI의 신뢰성과 AI의 적용으로 인해 예상되는 긍정적인 측면은 사라질 것이다. e-러닝 분야도 크게 발전해 최적의 설계 가이드라인과 모범 사례들을 개발해 왔지만 e-러닝이 완벽하다고 말할 수 없으며, AI와 같은 추가 변수를 통합하는 것은 생각만큼 간단하지 않다. 2장에서는 여러 연구에서 언급한 e-러닝의 한계점을 제시하였는데, 미래 세대를 위해 우리는 이러한 e-러닝의 문제와 한계점을 해결해야 한다. 교육 환경 자동화에 수반되는 기술적 과제 외에도 사회적, 심리적, 철학적 문제를 추가적으로 해결할 필요가 있다. 교육은 수학, 물리, 컴퓨터 과학과 같이 기술적이고 뚜렷한 과학 영역과는 다르다. AI는 계속해서 성공적으로 적용되었지만 사회적 환경 속에서 사용될 때는 여전히 불확실성과 어려움에 직면했다. 교육 환경에서 AI를 적용한 e-러닝 시스템을 개발하는 것이 성공적인 교육을 보장하지는 않는다. 전통적인 대면 교육에서도 교수 방법, 기술, 자원 및 교구에 따라 교수자와 학습자 모두에게 예상치 못한 문제가 발생할 수 있다. 따라서 대면 교육 환경을 지원하거나 대면 교육 환경과 유사하게 프로그래밍된 자동화 e-러닝 시스템은 말할 것도 없다.

교육학적 측면 외에도 학습 대상과 관련된 학습 내용 측면과 맥락적 상황을 고려할 필요가 있다. 학습이론 전문가, 연구자 및 교육 실무자들은 e-러닝을 통해 교육자료를 전달하고 가르치는 최선의 방법에 대하여 오랫동안 고민하며 논의해 왔다. 그들은 온라인 교육이 개선되어야 할 여지가 있다고 공통적으로 이야기한다. e-러닝의 딜레마를 해결할 수 있는 유망한 기술을 채택하고 더 나은 방법을 제시하기 위해서는 새로운 솔루션이 필요하다. 이러한 기술은 e-러닝 프로세스 전반에 걸쳐 개별 학습자의 특성을 고려하면서 상호작용과 친밀감을 지원해야 하는 교수자의 역할을 보완하고 지원할 수 있다. 새로운 솔루션을 찾아가는 과정은 전체 프로세스를 최적화하는 방법들을 결정하는 작업이라고 할 수 있다. 이를테면, 모든 학습자에게 학습자들 간의 상호작용이 반드시 필요한 것은 아니며 각 학습자의 특정한 선호도와 학습방식에 따라 맞춤형으로 제공하는 것이 훨씬 더 현실적이고 실용적인 방법이다. 한 학습자에게 효과적인 것이 반드시 다른 학습자에게도 효과적인 것은 아니기 때문에 학습자마다 다양한 교육 전략이 요구된다. 지원 기술과 임베디드 내장형 지능은 학문적 근거를 기반으로 채택된 교육적 도구이며 이러한 교육적 시도에 대한 결과는 교수자, e-러닝 관리자 및 교육 기관이 책임져야 한다.

e-러닝을 어떻게 강화할 것인가에 대한 기술적, 철학적 추론과 다른 관점에서, 기술에 반대하고 불신하는 회의론이 존재한다. 회의론 중 가장 강력한 주장이 학습자 프라이버시 침해이다. 이는 학습자와 전혀 관계없는 컴퓨터 시스템에 학습자 기밀 및 개인정보를 맡기지 말라는 것이다. 그리고 자동화 소프트웨어의 기능이 학습자의 교육적 경험을 강화시키고 학업 발전을 개선하고 향상시킨다는 명분은 근거가 없다는 주장도 있다. 또한 학습자의 자기통제력 부족, 자신감 부족, 알려지지 않은 실체에 의해 통제되는 두려움과 같은 이유는 기술에 대한 의존도를 낮추고 교수자들이 기계로 대체되지 않도록 하기 위한 타당한 명분으로 사용될 수 있다.

그러나 테크놀로지와 인공지능은 어떤 학습자나 교수자의 기술이나 능력을 감소시키거나 대체하기 위한 것이 아니다. 이러한 학업 지원과 유틸리티는 교육을 상품화하거나 자동화된 프로그램으로 전환하려는 것이 아니라 교육의 긍정적인 측면을 지원하고 강화하려는 것이다.

e-러닝을 강화하고, 기능을 향상시키고 교육적 효과성을 평가하기 위해 최적화된 도구와 기술 및 기법은 무엇인가? 앞으로 e-러닝은 어떤 역할을 더 해야 하는가? 학습자나 교수자는 테크놀로지와 AI를 자유롭게 다룰 수 있어야 하는가? 이러한 애플리케이션들이 의사결정을 지원하는 데 있어 주요 혹은 단독의 기여자 역할을 해야 하는가? 테크놀로지가 발전함에 따라 의도된 교육의 효과도 보장될 수 있는가?

이 책에서는 이 질문들에 대하여 미래 세대 e-러닝을 기반으로 각 장별로 점진적이고 순차적인 답변을 담고자 하였다. e-러닝이 어디에서 시작되었는지, 그리고 놀라운 기술적 진보의 흔적들을 지켜보면서 그간 겪었던 발달 과정을 이해하는 것은 필수적이다. 2장은 서로 다른 영향력이 있는 e-러닝 요소와 이해관계자의 다양한 관점에서 평가를 제공함으로써 e-러닝 발전과정에 대한 심층적인 분석을 제공한다. 이후의 세 장에서는 e-러닝의 발전과 혁신을 촉진하는 최신의 관련 기술을 맥락적으로 소개하였다. 3장에서는 MOOC, 크라우드소싱 및 소셜 네트워크와 같은 사회 관련 문제를 다루며, 4장에서는 학습자 프로파일과 개인화라는 AI 연구 영역을 소개하였다. 5장에서는 개인 학습 네트워크, 포트폴리오 및 환경 관련 e-러닝 연구들을 다루었다. 6장에서는 앞서 제시된 수많은 e-러닝 문제를 다루면서 각각의 학습이론에 기초하는 미래 세대 e-러닝 모델을 제시하였다. 마지막으로 7장에서는 e-러닝과 관련한 주요 기술들이 어떻게 e-러닝의 미래를 변화시킬 수 있는지 비판적으로 평가하고 분석하면서 모델의 구체화 방안에 대해 논의하였다.

Chapter
02

지금까지의 e-러닝

초록

e-러닝은 지금까지 많은 발전을 이루어 왔으며, 이러한 과정들을 통해 새로운 방향성을 제안하고 미래 세대를 위한 지능형 시스템을 설계할 수 있었다. 이로 인해 우리는 우리가 앞으로 나아갈 방향과 의미를 인식하고 가치 있게 여길 수 있게 되었다. 지난 몇 년간 많은 연구들이 e-러닝을 옹호한 반면, e-러닝을 반대하고 비판하는 상반된 연구결과도 보고되었다. e-러닝 자체는 특정 학계에 의해 규정되지 않는다. e-러닝의 모범 사례가 주관적이고 다양하며 지나치게 일반적이라는 사실은 무엇이 옳고 그른지에 대해 명확한 답을 제시하지 못하여 학습자들에게 혼란과 좌절감을 주었다. 그러나 교육적 트렌드와 과학 기술은 e-러닝의 역사를 형성하고 지속해 왔다. 이들은 어떻게 서로에게 영향을 미쳤을까? 그리고 그들은 다음 세대 e-러닝에 어떠한 영향을 미쳤는가? 미래 온라인 교육에 영향을 미칠 요소는 무엇인가? 이 장에서는 e-러닝을 둘러싼 전체 환경이 서로 어떻게 영향을 주고받는지, 수년에 걸친 변화와 발전에 대해 깊이 있게 검토하고자 한다. 여기에는 사회적 함의, 교육학적 영향, 그리고 e-러닝 변화를 이끌었던 기술적 영향이 포함된다.

2.1

e-러닝 세대

1700년대로 거슬러 올라가 e-러닝을 이전의 원격교육과 구별해 보는 것이 중요하다. 비록 그 당시 원격교육은 전자적(electronic)이지는 않지만, 그럼에도 불구하고 사람이 직접적으로 참여하지 않는 비대면 교육의 특성을 보여준다. 실제로 전자적인 특성은 e-러닝이 1970년대까지 통신, 우편, 전화, 라디오, 텔레비전 방송을 통한 원격교육과 구별되는 점이다.

학습자와 교수자 간 전통적인 상호작용 대신 매체가 적용되었다는 사실은 교수자가 원거리의 학습자들을 위해 표준화된 교육을 제공하는 출발점이 되었다. 학습자와 교수자가 단순히 물리적으로 떨어져 있다는 것만으로도 이론가와 실천가들이 수년간의 논의 및 논쟁거리였으며 이는 교육의 과정 전체에도 영향을 미쳤다. 교육의 과정은 매우 복잡한 과정이며 보편적으로 정의되거나 특정되지 않는데, 이러한 학습자와 교수자의 물리적인 위치 변화는 교육의 과정을 더욱 복잡하게 하는 요인이 되었다. 이러한 변수가 없어도 학습자-교수자 간의 관계와 학습과정이 항상 최적의 상태는 아니며, 수많은 학습이론 중 가장 타당한 방법론을 채택했음에도 불구하고 학습성과는 기대에 미치지 못했다. 이를 위해 원격교육과 e-러닝은 인간이 수행하던 역할과 유사한 기능을 수행하면서 인간의 기대에 미치기 위한 노력과 시도들을 이어왔다. 만약 이러한 노력과 시도들이 충분하지 않다면 추가적인 기술적 비용의 문제를 심화시킬 것이다. 앞서 언급한 원격교육과 e-러닝을 구별하는 전자적 요소는 원격교육에서 e-러닝 1세대로의 전환을 가능하게 한 기술적 요인에 불과하다. 수년간 이어진 웹의 기술적 발전은 사용되는 매체를 변화시켰고, 결과적으로 e-러닝의 개발과 발전을 촉발시켰다.

2.1.1 전자 시대로의 원격교육

네트워크와 전자적 연결은 두 연결망의 노드(node) 사이에 정보 전송을 가능하게 하는 수많은 개념의 시작이었다. 미국의 DARPA(Defense Advanced Research Projects Agency)가 이 이니셔티브를 주도하였고 1969년까지 Arpanet은 교육 및 연구 자료를 공유할 수 있는 최초의 네트워크였다. 학습 자료를 전달하고 공유하는 매체가 우편에서 전자적 네트워크로 업그레이드되었다. 이 같은 전자적 네트워크는 1974년에 표준화된 전송 제어 프로토콜(TCP)과 인터넷 프로토콜(IP)의 구현을 발달시켰고 포괄하였다. 이러한 국제적인 프로토콜은 동일한 네트워크를 통해 연결된 모든 학습자에게 교수자나 기관이 교육을 제공하고 배포하기 위한 이상적이고 안전한 연결을 제공했다. 커뮤니케이션은 주로 기본적인 이메일을 통해 이루어졌으며, 파일 전송은 파일 전송 프로토콜(File Transfer Protocol, FTP)이라는 또 다른 중요한 표준을 사용하였다. e-러닝의 이 시기는 학습자를 가르치고 교육자료를 전달하기 위한 매체로써 전자적 수단을 사용하기 시작한 시기로 이전 시기와 구분된다. 이 기본적이고 단순한 e-러닝은 그 목적에 알맞게 수행되었으며 미래 세대의 e-러닝에서도 여전히 중요한 역할로 남아 있다.

2.1.2 HTML 시대를 통한 e-러닝

웹 자체는 교수자와 학습자가 이메일을 통해 커뮤니케이션하고,

FTP를 통해 자원을 공유하는 유일한 네트워크 연결망의 1세대로부터 진화함에 따라서 웹페이지를 표시하기 위해 HTML(Hyper Text Mark-up Language)을 광범위하게 사용하게 되었다. 이 풍부해진 인터페이스를 통해 웹 사용자들은 웹 브라우저를 사용하고 문서와 이미지의 하이퍼링크가 연결된 페이지로 이동할 수 있었다. 이 시기는 검색엔진과 컴파일된 디렉토리 서비스가 모든 웹 페이지를 수집하려는 시대였고, 노드에 접속된 사용자들이 서로 연결되지 않은 이질적인 페이지들을 대량으로 쏟아붓기 시작하였다. Web Crawler는 이러한 하이퍼링크를 이용하여 웹 브라우저가 엑세스할 수 있는 모든 문서와 웹 페이지를 분석하고 색인화하였다. 특히 검색엔진 Top 10에 오르고 싶은 의도가 있는 웹 페이지 작성자들은 명확하게 드러나는 메타태그 정보를 주로 색인 용도로 사용하였기 때문에 정교하지 않은 Web Crawler 소프트웨어로부터 이득을 얻기 위한 전략과 기술을 사용했다.

이 시대의 또 다른 중요한 측면은 같은 웹 페이지 내에서 서로 적절한 구분 없이 프레젠테이션과 콘텐츠를 함께 통합하는 것이었다. Web Crawler가 콘텐츠와 다른 것을 구분하는 유일한 방법은 웹 페이지를 구문분석하는 동안 "<"가 발생했을 때이다. 이것은 주로 HTML 프레젠테이션 태그가 시작되려고 한다는 것을 의미하고, ">"로 HTML 태그를 닫으면 Crawler는 필터링을 다시 시작한다. 그러나 웹 페이지 작성자들은 크롤링 소프트웨어를 속이는 방법을 재빨리 깨달았다. 콘텐츠와 프레젠테이션이 합쳐진 이러한 구조는 특정 웹 세대를 묘사하는 특징이 되었다. HTML은 정보나 데이터의 시작과 종료의 구분, 브라우저를 통한 실제 웹 페이지 비주얼과 프레젠테이션에 관련된 마크업(mark-up) 세부사항 등이 모호하게 얽혀 있었다.

게다가, 서로 다른 웹 브라우저들은 상충되는 구성 절차를 가지고 있어서 웹 저작자와 웹 사용자들에게 불만족과 혼란을 야기시켰다. 이러한 문제는 주요 웹 브라우저에 대한 서로 다른 HTML 문서를 저작함으로써 해결되었고, 결국 Javascript를 사용하여 호스팅 웹 브라우저를 구별하고 HTML 페이지의 내용을 각각의 웹 브라우저에 올바르게 표시할 수 있게 되었다. 그러나 동일한 HTML 페이지를 다른 출력 디바이스에 표시하는 문제는 해결되지 않았다. 학습자 브라우저에 표시되어야 할 학습 콘텐츠와 프레젠테이션이 합쳐진다는 사실은 e-러닝 제작기관에 이슈와 반복적인 작업, 큰 불만들을 야기했다.

이 시대의 또 다른 특징은 학습자가 개인 정보나 로그인 정보를 전송하면 역동적인 피드백과 상호작용 효과가 가능하다는 것이다. 이는 1990년대 중반에 시작된 Common Gateway Interface(CGI) 프로토콜 사용을 통해 가능했다. CGI는 서버에 업로드된 웹 페이지가 실제로 컴퓨터 프로그램을 실행할 수 있는 표준양식을 통해 사용자에게 정보를 제공했다. 또한 사용자 세부 정보가 있는 웹 페이지 프로그램을 실행하였다. 이러한 역동적인 참신함은 정확히 어떻게 검색 엔진이 결과를 제공했는가 하는 것이었다. 특히 이 시기에는 로그인 사이트에서 고유한 사용자 세부 정보에 따라 콘텐츠와 프레젠테이션을 개인화할 수 있었다. 이것은 CGI 프로토콜을 통해 서버의 데이터베이스에 저장된 데이터에 접근하고, 사용자의 특정 데이터, 결과, 요청사항과 학업기록 등을 역동적으로 포함시키는 서버의 컴퓨터 프로그램 때문에 가능했다. 서버가 웹 페이지를 생성하고 요청 브라우저로 다시 전송하자마자 바로 표준 HTML 페이지로 표시되었다. CGI 스크립트가 독립된 언어로써 비교적 개발과 사용이 쉬움에도 불구하고 서버에 새로운 HTTP 요청이 들어와서 응답을 출력하기까지 속도가 매우 느렸고 상당한 처리 능력이 요구되었다. 또 다른 방법인 쿠키는 클라이언트 웹 브라우저에서 시각적으로 제시된 웹 페이지 콘텐츠를 커스터마이징하기 위해 사용되었다. 웹 쿠키는 CGI 스크립트와 달리 검색 중인 웹 사이트에서 발급한 사용자에 대한 텍스트 정보가 동일한 사용자 컴퓨터에 저장되므로 클라이언트 측에 기반을 둔다. 각 정보는 특정 웹 페이지와 관련이 있으며 로그인 세부 정보, 과정 진행 상태, 파일 참조 등과 같은 웹 페이지와 관련된 개인 정보를 지속적으로 불러오는 기술적 역할을 한다. 웹 쿠키는 구현하기 쉽고 클라이언트 컴퓨터에서 많은 공간을 차지하지 않지만, 수많은 제한사항이 있으며 사용자를 완전히 제어하고 있다. 쿠키는 도메인별로 다르며 많은 양의 사용자 정보를 저장할 수 있는 탄력성과 용량이 부족하다. 그럼에도 불구하고 사용자가 기억하거나 기록해야 하는 기본 사용자 정보를 저장하는 데 이상적이다.

CGI 스크립트와 웹 쿠키를 사용하는 두 경우 모두 사용자에 대한 개인 정보 일부를 사용자가 요구한 대로 제공했지만, HTML 웹 페이지는 웹 브라우저 프레젠테이션과 콘텐츠가 여전히 하나의 파일로 병합되어 있다는 한계가 있다.

2.1.3 시멘틱 웹으로 인계

CGI 프로토콜과 웹 쿠키의 사용을 통해 생성된 역동성은 e-러닝을 보다 매력적이고 효과적인 개별화 전달체계로까지 전환하는 데 충분하지 않았다. 또한 콘텐츠와 프레젠테이션이 여전히 HTML 문서에 병합되어 콘텐츠 전달과 적응에 어려움이 많았다. HTML이 체계적이지 않고, 잘 표출되지 않고 의미가 부족하였기 때문에 사용자는 학습을 위해 명확하지 않고 부정확한 자료와 콘텐츠를 검색하고, 색인화, 수집하게 되었다. 1990년대 말에 등장한 해결책은 또 다른 마크업 언어인 XML(eXtensible Mark-up Language)의 사용이었다. XML은 HTML과 같은 마크업임에도 불구하고, 컴퓨터나 기계로 읽을 수 있는 문서들을 분석하기 위해 더욱 엄격한 규칙 집합을 갖고 있는 하위 수준의 디테일한 언어이다. XML의 장점은 프레젠테이션과 콘텐츠의 구분을 포함하고 있다는 것이다. 일단 교육 콘텐츠가 작성되고 생성되면 각 프레젠테이션 매체를 사용하여 동일한 콘텐츠를 다양한 플랫폼과 디바이스에서 제시하고 사용할 수 있다는 것이다. XML의 또 다른 이점은 XML이 설명하는 내용에 정확하게 적합한 관련 태그를 생성할 수 있다는 점이다. 정확하게 태그가 지정된 내용이 포함된 XML 문서는 게시하기 전에 체계성과 타당성이 요구된다. 이러한 범위까지 XML 문서는 XML 및 기타 모든 웹 표준의 사용을 국제적으로 규제하는 W3C(World-Wide Web

Consortium)에서 지정한 모든 구문 규칙을 엄격히 준수해야 한다. 또한 XML 문서는 DFD(Document Type Definition)라고 하는 문서에 정의된 구조 또는 체계를 따라야 인증되고 게시될 수 있다. DFD는 준수해야 할 문법 규칙들과 함께 사용할 수 있는 요소와 속성들이 무엇인지 구체적으로 명시하고 있다. 이것은 XML 문서를 인간뿐만 아니라 파서(parser: 오류점검프로그램)가 이해할 수 있게 하고, 그것들이 정확히 어떤 의미와 연관되어 있는지 확실히 알 수 있게 하기 때문에 XML 문서를 표현력이 뛰어나고 유용하게 만든다. XML은 의미를 담고 있는 웹인 시멘틱 웹(Semantic Web) 개념 설정을 가능하게 하였다. 과정, 자원, 콘텐츠, 기타 학문적 사항 등의 확대된 교육자료는 사람들의 직접적인 개입 없이 온라인 시스템에 의해 의미있게 사용되고 재사용될 수 있다. 이는 각각의 속성을 가진 특정 요소를 포함하는 DFD 파일의 효과적인 사용을 통해 가능하며, 이 경우 교육 환경과 연관된다. 이것을 가능하게 하는 방법은 DFD에서 다른 학술 용어 및 요소에 언급된 동일한 요소의 위치와 사용을 나타내는 온톨로지(Ontologies)의 사용을 통해서이다. 포괄적인 교육 온톨로지는 상상할 수 있는 모든 학술 용어를 명시적으로 분류하고, 이 모든 용어들이 정확하고 일관성 있는 방식으로 동일한 학술용어의 정확한 사용을 단순화하기 위해 트리(tree)와 같은 방식으로 서로 어떻게 관련되어 있는지 설명한다.

실제로 위에서 설명한 시멘틱 웹 기술은 e-러닝 시스템이 학습용 에이전트와 같은 소프트웨어를 사용하여 컴퓨터 해석이 가능한 웹의 장점을 활용할 수 있을 만큼 충분히 개발되지 않았기 때문에 기대했던 잠재력에 미치지 못했다. 학습용 에이전트와 시멘틱 웹이 e-러닝의 발전을 직접적으로 지원, 촉진 및 기여할 수 있는 방법은 5장에서 자세하게 논의될 것이다. 시멘틱 웹은 Web 2.0이 관련 기술과 기능을 수행하기 위한 의미를 부여함으로써 웹에 가치를 더했다.

2.1.4 소셜 네트워크를 통한 학습자 권한 부여

Web 2.0과 관련된 많은 기술들은 모든 웹 사용자를 수동적 수신자와 온라인 콘텐츠 소비자에서 능동적이고 역동적인 기여자(contributors)로 전환시켜 모든 웹 사용자에게 권한을 부여하고 제공하는 사회적으로 활성화된 애플리케이션이다. 학습자는 다른 학습자와 자신의 일과 경험, 지식을 공유하고 상호작용 및 사회화하면서 저자와 공급자로 변모하였다. e-러닝 시스템 내에서 소셜 네트워크의 역할은 앞에서 언급했던 이전의 e-러닝 시스템에서의 개념적 또는 교육학적 개념을 대체하지 않고 학습자 및 동료 학습자로서 서로 의사소통하기 위한 인간의 사회적 본능을 활용했다. 초기 e-러닝 환경에서는 다른 사람들이 기여할 수 있는 공개적이고 제한 없는 기회뿐만 아니라 독점적이고 집중적인 학술 모임을 만드는 것이 불가능했다. 학습자들은 아이디어를 공유·기여하고 서로의 학습에 대한 피드백, 공동의 목표를 달성하기 위한 협력이 어려웠고 동료 학습자에 대한 정보가 없었다. 소셜 네트워크를 통한 학습자의 권한 부여는 궁극적으로 추가적인 상호작용, 지식노출 및 성취감으로 학습과정을 보완하게 되면서 학습자 간의 유대 관계를 촉진하였다. 또한 온라인 학습자들은 유비쿼터스 휴대용 디바이스를 통해 학습내용과 관련된 콘텐츠의 짧은 메시지 또는 이미지를 게시함으로써 학습 과정을 원활하고 쉽게 통합할 수 있었다. 일부 네트워크는 학습자와 교수자가 자신의 프로파일과 커리어 성과를 공개하여 지식과 경험을 홍보할 수 있도록 하였다. 이는 e-러닝 과정에 가치를 더할 수 있지만, e-러닝 과정에 참여하는 사람들의 개인적인 측면을 함께 자극하는 경향이 있다. 반대로, 일부 다른 소셜 네트워크는 학습자와 교수자의 개인 사회생활과 학습 활동을 구별함으로써 참가자들의 익명성을 촉진하였다.

2.2

기술 진화 분석

지난 수십 년 동안 웹과 기술은 놀라울 정도로 발전했다. 기술적 발전과 웹을 뒷받침하는 e-러닝의 병렬적 진화는 이미 이 장 앞부분에서 강조되었고, 특히 Hussain[1]과 Miranda[2] 등 많은 연구자들은 웹과 e-러닝의 병렬적 진화에 있어 정확한 이원성을 강조하였다. [그림 2.1]에 요약된 Web과 e-러닝 두 기술의 각 세대는 점진적으로 설명되고 해석될 뿐만 아니라, 마치 두 기술이 정확한 시점에 구체적으로 발생한 패러다임 변화인 것처럼 완전히 구별된다. 실제로 기술의 진화는 오랜 시간에 걸쳐 이루어졌고 결국 e-러닝이 수행되는 방식을 포함하여 주변 세계에 영향을 미쳤다. 이는 기술 발전이 e-러닝 시스템에 직접적이고 즉각적인 영향을 미쳤음을 의미하는 것이 아니라 단순히 e-러닝 플랫폼이 심어진 기술 환경이 시간이 지남에 따라 변화했다는 것을 의미한다. e-러닝 환경은 반드시 기술 혁신으로 인해 바뀐 것은 아니며, 단순하게 새로운 기술이 등장했기 때문에 변화된 것도 아니다. e-러닝 환경은 주로 e-러닝이 더욱 효과적이고 더 쉽게 수행할 수 있도록 한 기능과 운영상의 향상으로 변화되었다. e-러닝을 통한 학습이 실제 교수자가 수업을 하는 것처럼 인식하도록 하여 컴퓨터 기반 교육과 대면 전달체계 간의 격차를 최대한 줄이는 것이 근본적인

그림 2.1 [1, 2]에 기반한 웹 및 e-러닝 세대

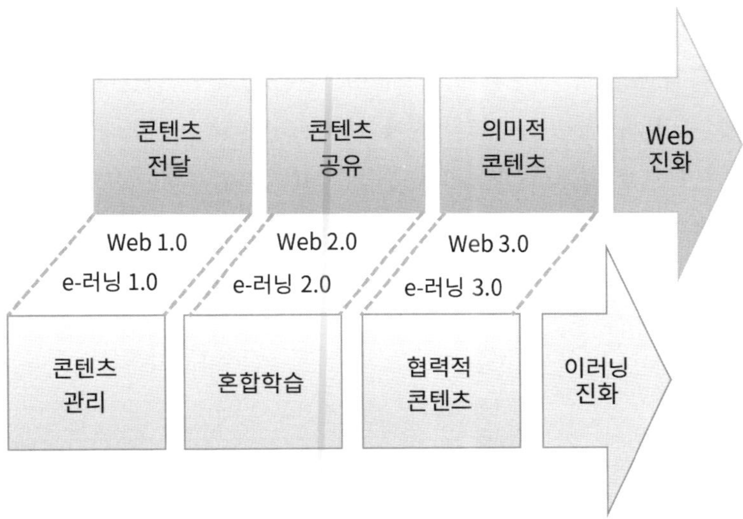

탐구내용이었다. 테크놀로지의 사용은 학습 환경 내에서 교육의 보조 수단일 뿐만 아니라 주로 사용되는 전자적 매체를 최적화하기 위한 것이었으며, 이는 교수자와 학습자가 의사소통하는 고전적인 방식을 대체하는 것이다. 여기서 중요한 것은 테크놀로지가 e-러닝, 하드웨어, 소프트웨어 및 통신의 발전을 주도하였고 e-러닝을 개선하고 발전시키기 위해 편리하게 사용된다는 것이다. 테크놀로지 발전 과정에서 e-러닝을 적용한 사례는 거의 없었으나 1960년대 University of Illinois의 Illiac 슈퍼컴퓨터와 PLATO 컴퓨터 기반 교육시스템 개발은 주목할 만하다. 1960년대 초 Donald Bitzer가 이끄는 UoI의 학자들은 PLATO에 의해 설정된 요구사항을 구체적으로 수용하도록 Illiac의 초기 버전을 설계했고, 그렇게 함으로써 다른 방법보다 e-러닝에 적응하는 테크놀로지의 우선순위를 설정했다. 아이러니하게도 그 이후로 e-러닝 발전의 많은 부분이 테크놀로지의 지속적이고 끊임없는 발전에 대한 적응으로 나타났다. e-러닝에 절대적 영향을 남긴 테크놀로지의 주요 변화는 이 장의 시작 부분에 강조되어 있다. 이러한 기술적 발전은 항상 e-러닝

시스템 기능에 변화를 가져왔고, 그 결과 e-러닝 시스템은 시간이 지남에 따라 적응하고 발전하며 변형되었다. 네트워크는 e-러닝 장면을 근본적으로 설정하고 미래 기술이 점진적으로 구축할 수 있는 견고한 토대를 마련했다. 연결된 학습자들이 의사소통뿐만 아니라 정보에 접근할 수 있게 해 준 HTML 기술에서부터 의미 있는 상호작용을 가능하게 하여 교육 환경을 개선시켜 주는 XML, Web 2.0 기술까지의 점진적 발전은 e-러닝 학습자들이 단순한 수신자에서 창의적이고 사회적인 공헌자로 변모할 수 있게 하였다.

2.3

사회적 함의의 전개

오늘날 우리가 알고 있는 바와 같이 웹을 시작하고 e-러닝 자체를 촉발시킨 네트워크의 기술적 개념은 학습자들이 어떠한 방식으로든 연결되는 사회로 이끌었다. 초기 e-러닝에서 학습자들은 교육 기관의 학습자 단체, 사회단체의 일부로 등록되었으나 단순히 교육 정보에 접근하고 학습 콘텐츠 다운로드 정도만 가능했다. 처음에 학습자들은 서로에 대해 거의 알지 못하여 상호작용은 없었지만 교육 기관의 일부라고 느꼈을 것이다. 결국 기술이 발전함에 따라 교수자와는 별개로 학습자들끼리 서로 관계를 맺고 의사소통을 할 수 있게 되었고 동료 학습자들과 더 높은 수준의 상호작용이 가능하게 되었다. 소셜 네트워크의 도입과 e-러닝 환경 내에서 미디어를 통해 학습자는 새로운 차원의 커뮤니케이션을 할 수 있게 되었다. 기술이 발전함에 따라 생겨난 사회적 함의는 학습자에게 힘을 실어주었지만, 대부분 이전에 달성하지 못했던 수준까지 e-러닝이 활성화되었다. 학습자들은 이제 고립된 학습 환경에서 벗어나 다양한 매체를 통해 상호작용하면서 협력할 수 있다. 2000년대 초 온라인 소셜 네트워크는 세계를 놀라게 했으며, e-러닝이 사회와 관련된 모든 문제에 그랬던 것처럼 놀라운 영향을 미치고 많은 이점을 얻었다. 2005년경 Siemens[3]와 Downes[4]

같은 교육 이론가들은 연결주의 학습이론으로 만들어진 현대 교육학적 현상과 관련된 교육 이론을 제안할 필요성을 느꼈다. 이 이론의 기초는 네트워크 기술과 네트워크 컴퓨터에 의해 활성화된 기능에 기반하고 있다. 이는 웹에 분산되어 있는 지식 저장소, 동료 온라인 학습자, 전문가 및 지식 제공자로부터 얻은 정보와 지식을 단순하고 빠르게 조합할 수 있는 전자 기술의 의존성 때문에 디지털 시대의 학습이론이라고 불린다. 이제 자신의 교육을 결정하는 이벤트와 프로세스의 순서를 통제하고 관리할 수 있는 권한을 가진 모든 학습자에게 건강한 개인 학습 네트워크를 구축하고 유지하는 것은 필수적이다. 기술이 발전하고 e-러닝이 성숙함에 따라 학습자에게 유익하게 되었고 교육 과정과 교육적 실천은 간접적으로 영향을 받게 되는 사회적 상황으로 전개되었다.

2.4

교육적 반발

e-러닝이 별도의 분야로 고려되지 않고 단순히 전통적인 학습 방법론의 확장으로 간주되었기 때문에 e-러닝의 학문적 상태는 면대면 교육 방식을 따랐다. 처음에 e-러닝 설계자는 존재하지 않았고 지식의 범위가 성숙되면서 자체 설계자로 발전함에 따라 이전 버전의 e-러닝 시스템에서 최적화를 시도했다.

초기 e-러닝 시스템 설계는 고전적인 행동주의 및 구성주의 학습 이론과 같은 교육학적 이론 중심이 아니라 기술 중심의 개발에 초점을 두었다. 이는 단순히 전통적인 학습 과정을 e-러닝 플랫폼으로 변환하고 재설정시킨 e-러닝 플랫폼이 그 증거이다. 학습자는 읽기 목록에 들어가 일련의 교육 자료를 다운로드할 수 있고 자신의 학습 노트에 접근할 수 있었다. 교육학적으로 이러한 시나리오는 언제 어디서나 원하는 만큼 지식에 접근할 수 있다는 유일한 차이점을 제외하고는 대면 학습 환경과 다르지 않다. 이러한 기술로 인한 확산성은 e-러닝의 교육학적 특성에는 전혀 영향을 미치지 않는다. 마찬가지로 기술이 지원하는 다중 모드 리소스의 가용성은 온라인 과정이 설계되고 제공되는 방식을 변경하지 않았다.

이 모든 것은 앞의 절에서 해석한 사회적 함의와 함께 수년에 걸쳐 서로 다른 기술 진화가 발생했음에도 불구하고, e-러닝 페다고지는 사용된 매체의 변화를 수용하거나 진화하지 않았다는 사실을 보여준다. 많은 연구자들[5, 6]은 특히 설계가 특정 학습활동보다 콘텐츠의 조직 구조에 초점이 맞춰진 경우 기술이 교육학적인 요소를 담지 못했다고 생각한다. 이러한 불균형은 교수자가 서버에 있는 콘텐츠를 제공할 뿐만 아니라 동일한 e-러닝 환경 내에서 학습자 클라이언트 측에서 능동적으로 콘텐츠를 제공할 때 발생한다. Web 2.0 기술이 가져온 교육적 자극은 이러한 e-러닝 이론을 유지하기 위한 구성주의 학습이론의 제안을 가져올 정도로 전통적인 e-러닝 교육의 과정에 교육학적 파장을 불러일으켰다.

e-러닝 모델과 교수전략을 유지하는 학습이론의 혼합은 바뀌지 않았다. 행동주의, 인지주의, 구성주의를 포함하는 학습이론들을 창의적이고 실용적으로 조합함으로써, e-러닝 환경에 적합한 최상의 교육이 이루어질 수 있도록 지원해야 한다.

2.5

결론

이 장에서는 병렬적인 기술 진화의 결과로 수년간 e-러닝이 어떻게 진화했는지에 대하여 심층적으로 분석하였고, 이를 통해 e-러닝 시스템의 설계 및 개발이 초창기부터 고려된 사항이 아니었음을 알 수 있었다. 이것은 불가피하게 다음 장에서 지적될 문제와 학습자의 관심사와 이슈를 공유했던 e-러닝 시스템의 전반적인 성공에 부정적인 영향을 미칠 것이다. 이 책은 이용 가능한 기술에 기초하여 e-러닝 시스템 설계 시 문제점을 개선하고, e-러닝 시스템과 그 전체적인 효과를 최적화하기 위해 적절한 기술을 조정하고 구상하는 개념을 담았다.

참고문헌

1. Hussain, F.: E-Learning 3.0=E-Learning 2.0+Web 3.0?. In: IADIS International Conference on Cognition and Exploratory Learning in Digital Age (CELDA 2012), pp. 11-18. IADIS, Madrid (2012)
2. Miranda, P., Isaias, P., Costa, C. J.: E-learning and web generations: towards web 3.0 and Elearning 3.0. In: 2014 4th International Conference on Education, Research and Innovation, pp. 92-103. IACSIT, Singapore (2014)
3. Siemens, G.: Connectivism: A Learning Theory for The Digital Age. Elearnspace. http://www.elearnspace.org/Articles/connectivism.htm (2004). Accessed 22 Jun 2014
4. Downes, S.: An Introduction to Connective Knowledge. http://www.dow-nes.ca/post/33034 (2005). Cited 25 Feb 2012
5. Cope, B., Kalantzis, M.: e-Learning Ecologies: Principles for New Learning and Assessment. Routledge, London (2017)
6. Hoel, T.: Standardizing e-learning: is the learning technology of tomorrow built on the learning theories of yesterday?. Thesis, IT University of Gteborg, Gteborg (2002)

Chapter 03

MOOC, 크라우드소싱, 소셜 네트워크

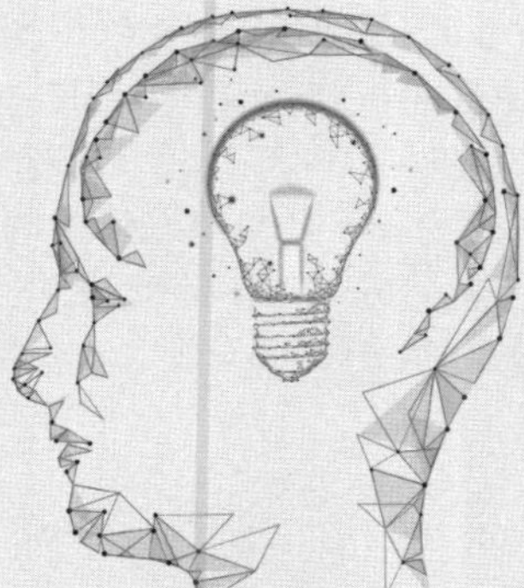

초록

소셜 미디어는 전 세계를 강타하며 다양한 방식으로 사회 전반을 변화시켰다. 이 엄청난 변화는 인간이 온라인 서비스와 애플리케이션을 이용했던 방식은 물론 타인과 상호작용하던 방식까지도 바꿔놓을 만큼 강력한 것이었다. e-러닝은 학습 내용을 효과적으로 전달하기 위해 Web 2.0 기술들을 수용하였고 최신 첨단 기술의 이점을 활용하면서 발전해 왔다. 이전 장에서는 이와 같은 e-러닝 기술의 변화가 일반적이기보다는 말 그대로 파격적이고 진보적인 혁명이었다는 점에 대해서 논의하였다. 이번 장에서는 느리지만 확실하게 온라인 교육 시스템에 통합되었던 Web 2.0의 진화로 탄생한 혁신적인 기술들이 e-러닝의 교육적, 기능적인 역학 관계에 미친 영향에 대해 살펴볼 것이다. 이러한 혁신적인 Web 2.0 기술에는 MOOC(Massive Online Open Courses), 크라우드소싱, 소셜 네트워크가 있다. 최신 기술의 발전에서 기인한 이 기술들은 당시 e-러닝 시스템 개선을 위해 활용된 기술들 간 부조화 문제를 해결해 준다는 장점을 가진다. 다음 절들에서는 주요 e-러닝 문제들과 최신 Web 2.0 기술들이 이 문제들을 어떻게 해결하는지에 대해 논의할 것이다.

3.1

e-러닝의 효과, 이슈와 문제

컴퓨터 및 통신 네트워크가 형성된 이래로 e-러닝은 즉흥적이고 비정형화된 형태로 발전해 왔으나 작업의 정확성을 추구하였고 그 결과 역시 성공적이었다. 기술의 진보 덕분에 e-러닝은 기능적이면서 생산적인 온라인 기업으로 발전할 수 있었고 동시에 교육학적 이슈와 그동안 누적되어왔던 문제들도 드러나게 되었다.

우리는 수많은 연구를 통해 온라인 교육이 기대하는 만큼의 가능성을 발휘하지 못하였으며 e-러닝과 면대면 상호작용 간 유의미한 차이가 없다는 것을 확인하였다. 그러나 어떤 방법론과 기술 및 학습이론이 더 효과적인지 판단하기 위해서는 e-러닝의 효과성 측정 방법을 보다 명확하게 할 필요가 있다. Bloom[1]은 2-Sigma 문제에 대한 그의 논문에서 '개별화된 학습(individual education)'이 학습 효과성을 2 표준편차만큼 향상시킨다고 제안한 바 있다. Bloom의 이 연구는 e-러닝이 학습 효과를 높이기 위해 개별화된 접근 방식을 채택하는 방향으로 설계되어야 함을 시사한다.

e-러닝 효과성에 대해 많은 연구들[2-4]은 일관성 없는 결과들을 보고하고 있다. Piccoli와 연구진[5] 역시 초급 ICT 기술 교육과 관련해 가상학습환경(VLE)과 전통적인 학습 환경의 효과성을 분석한 연구

에서 유의미한 차이가 나타나지 않았다고 보고하기도 하였다. 이로 인해 지난 수년 동안 e-러닝 효과성을 보다 정확하게 측정하고 평가하기 위해 다양한 방법이 사용되었다. 그러나 전자 환경과 면대면 환경에서의 교육 효과성을 비교하기 위해 e-러닝 특성을 분석한 선행연구[6, 7]에서도 연구결과가 혼재되어 나타나 이상적인 e-러닝 환경이 어떠한 모습이어야 하는지, 또는 면대면 학습보다 e-러닝이 더 효과적인지에 대해서 우리에게 명확한 지표를 주지 못하였다. Academic Partnerships는 2011년 이러한 각양각색의 e-러닝 연구 동향을 분류한 백서[8]를 발간하였다. 이 백서에서는 e-러닝의 네 가지 연구 분야를 e-러닝에서의 학업성취도, e-러닝 발전 과정, e-러닝 비용, e-러닝이 교수설계와 학습 내용의 전달에 미치는 영향으로 구분하였다. 이 중 교수설계와 학습 내용의 전달 영역은 아키텍처 설정과 교육학적 강조점이 e-러닝 플랫폼 개발 시 어떤 모델을 채택할 것인가를 결정하기 때문에 이 책의 주제와 직결된다고 할 수 있다. 비슷한 맥락에서 Chan과 연구진[9]은 e-러닝 효과성을 평가하고 측정하기 위해 4요인 연구를 채택하였다. 그들은 e-러닝이 그 효과성을 평가할 때는 서로 얽혀 있는 수많은 문제가 내재된 매우 복잡한 개체(entity)라고 주장했다. 그들은 온라인 강좌, 학습 내용과 구성, 사용된 평가 방법 및 평가 결과를 고려하여 e-러닝 효과성과 온라인 교육에 대해 평가하는 프레임워크를 [그림 3.1]과 같이 제안하였다.

면대면 수업과 e-러닝의 효과성을 비교한 다른 선행연구들[10-13]에서도 상반된 연구결과들을 보고하고 있다. 그러나 e-러닝의 긍정적인 측면은 e-러닝이 지속적으로 활용될 수 있게 하였으며 e-러닝의 수용력과 효용성은 고등교육에서 이수율을 높이는 데 도움이 되었다. 이는 e-러닝 플랫폼을 효율적으로 사용하는 다양한 방법론과 모델을 지속적으로 연구하는 것이 필요함을 시사한다. 또한 선행연구들의 이런 상반된 결과를 통해 e-러닝의 효과성을 평가하는 적절하면서 공식적으로 정의된 방법이 필요하다는 것을 알 수 있다. Neuhauser[14]는 변인의 개수를 간명화하고 측정해야 할 e-러닝 요인을 상정하기 위한 연

그림 3.1 e-러닝에서 학습 효과성 평가를 위한 프레임워크[9]

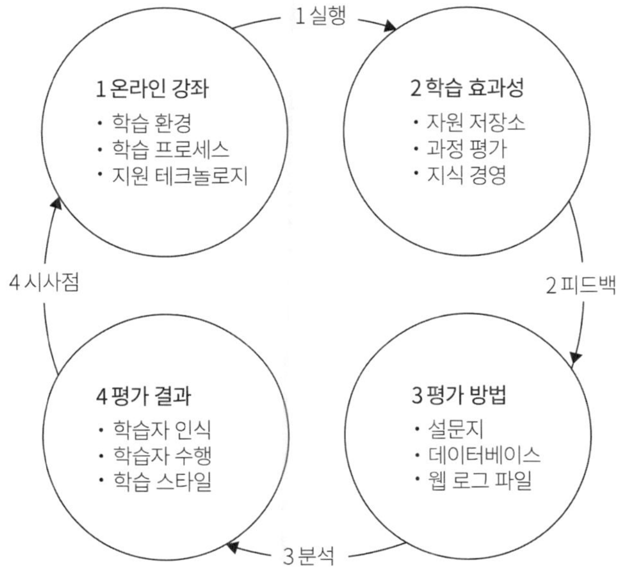

구를 수행하였다. 이 연구에서는 수업 방식을 제외하고 모두 동일한 조건에서 온라인 수업과 면대면 수업의 효과성을 비교 분석하였으며 그 결과, 두 방식 간 유의미한 차이가 없음을 확인하였다. 또한 학습 선호도, 학습 스타일, 방법론과 효과성, 전반적인 환경 평가와 같은 변인들이 학습 효과에 유의미한 영향을 미치지 않았으나 온라인 수업이 면대면 수업보다 조금 더 효과적이었다는 측면에서 우수한 사례를 보여주었다고 할 수 있다. 그러나 이 연구들의 문제는 일반적으로 테크놀로지에 긍정적인 교수자를 대상으로 함으로써 연구결과 분석에 편향을 만든다는 데 있다. 반면, 테크놀로지 수용에 어떠한 편향성도 갖지 않는 학습자들은 e-러닝에 적응하는 과정에서 학습을 성공적으로 수행하는 데 어려움을 겪기도 한다. 어떤 학습자는 테크놀로지 자체를 이해하고 테크놀로지를 활용해 학습 과제를 수행하거나 교육 내용을 이해하는 데 어려움을 겪기도 한다. e-러닝 시스템은 얼마나 직관적일까? 이 시스템은 무엇을 해야 하는지 궁금할 때면 언제든지 안내받을 수 있었던 전통적인 교실에서 온 학습자의 요구를 만족시키도록 설계되어 있는가? 학습자들은 산만해지거나 낙담하거나 길을 잃지 않고 온라인 프로그램을 따라갈 만큼 충분히 성숙한가?

6장에서 제시되는 e-러닝 모델은 수많은 연구자들[15-17]이 이야기했던 e-러닝의 세 가지 문제를 다룬다. 어떤 학습자는 온라인 강좌를 따라갈 만큼 충분히 잘 훈련되어 있고 결단력이 있지만, 어떤 학습자는 전통 학습 환경과 유사하게 온라인 수업에 대해 자신의 시간, 활동이나 태도를 관리하지 못하고 결국 중도탈락하게 된다. 이때 동기는 매우 중요한 역할을 하는데 많은 e-러닝 비평가들은 e-러닝이 교수자가 학습자들과 라포(rapport)를 형성할 수 없고 차갑고 둔감한 인터페이스를 가지고 있다고 비난하기도 한다. 어떤 학습자는 e-러닝을 수강하는 동안 올바른 학습태도를 유지하기 위해 지속적인 격려와 동기를 필요로 하는 반면, 어떤 학습자는 자신만의 동기를 유지하면서 학업적인 환경과 관계없이 성공적으로 학습한다. 학습자의 동기 문제에는 다양한 원인이 있지만 학습에 대한 열정이 부족한 것은 일반적으로 자기결정성(self-determination)이 부족하거나 단순히 학습 주제에 관심이 없는 학습자에게서 원인을 찾을 수 있다. Tang과 McCalla[18]는 학습자의 관심사와 밀접하게 관련된 콘텐츠를 제공하여 학습자가 학습에 몰입할 수 있도록 지원하는 연구를 수행하였다. 이 연구에서는 학습자 개인 프로파일에 기반해 학습자 개개인의 학습동기를 높일 수 있는 자료를 제공하는 피드백의 중요성을 강조하였다. 학습동기는 모든 학습 상황에서 중요하지만, e-러닝에서는 학습자의 자기결정성이 가장 중요하다고 할 수 있다. 이와 같은 맥락에서 자기결정성 이론(self-determination learning theory)은 학습동기 문제 해결을 위한 학습자 프로파일링 방식에 적용될 수 있다.

어떤 학습자는 온라인 상호작용을 하면서도 여전히 면대면 상호작용을 선호하기에 고립감을 경험하기도 한다[19]. 고립감은 학습자가 e-러닝 과정에서 동료 학습자나 교수자와의 상호작용 부재로 외로움을 느끼는 경험을 의미한다. Bousaaid와 연구진[20]은 이 현상에 대해 연구하면서 소셜 네트워크에서 비슷한 관심사를 지닌 사람들끼리 네트워크에 참여하는 단순한 행위 자체가 학습자를 도울 수 있고 전체 학습 과정을 보다 효과적으로 만들 수 있다고 하였다. 그들은 최신 Web 2.0 기술들이 실제로 학습자가 다른 사람들과 자유롭게 협업하고 공유하며 의사소통할 수 있는 학습공동체(Community of Practice, CoP)를 촉진한다고 하였다. Davies와 Merchant[21] 역시 보다 풍부하고 혁신적인 학습경험을 지원하는 Web 2.0의 능력을 강조하였다. Web 2.0은 사용자 상호작용을 가능하게 하고 이를 강화하는 메커니즘과 함께 사용자 생성 콘텐츠를 촉진하는 Web 기술의 단계, 즉 2세대로 간주된다. Davies와 Merchant는 사용자가 Web 2.0을 활용하는 방법을 네 가지 특징으로 규명하였는데, 즉, web상에 존재하면서, 콘텐츠를 생성하면서, 콘텐츠를 수정하면서, 그리고 사회적 활동에 참여하면서 Web 2.0을 활용하는 것으로 설명하였다. 이러한 특징들은 고립감을 감소시킬 뿐만 아니라 개인화 요소를 확립하면서 사용자의 개성이 드러나도록 돕는다. 고립감을 해결하기 위해 여기에서 채택된 학습이론은 다음 장에서 설명할 연결주의(Connectivism)이다.

마지막으로, e-러닝의 세 번째 문제는 e-러닝의 비개별화 문제이다. 비평가들은 기술의 비개별화를 비난한다. 이 책에서 제안된 모델(5장)은 Web 2.0 기능의 적응적인 특성과 함께 AI의 학습자 프로파일링 기술을 사용하여 이와 같은 우려를 역동적으로 해결한다. 적응형 학습이론(adaptive learning theory)은 개인화 기술과 더불어 이 책에서 e-러닝 효과성 문제를 해결할 수 있는 중요한 개념이다. 테크놀로지가 이 모든 문제들을 해결할 수 있으리라는 기대에 부응할 수 있을까? 교육적인 요구사항들이 기술 개발로 이어질 수 있을까? 향후 e-러닝 시스템은 이러한 문제를 어떻게 극복할 수 있을까?

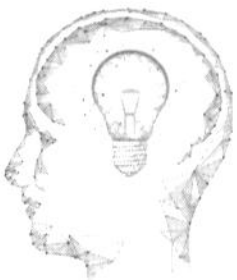

3.2

MOOC

2008년 처음 등장한 MOOC는 4년이 지나 정점에 도달하였다. 개방성과 높은 접근성으로 인해 누구나 원하는 강의를 수강할 수 있다는 점은 MOOC가 인기를 끌 수 있었던 원동력이었다. MOOC는 더 많이 배우고자 하는 이들은 물론이고 접근성, 학비, 불편함 등 다양한 문제로 학업이 어려웠던 이들에게 무료 교육의 기회를 제공해 주었다. MOOC는 기존 e-러닝 문제들에 대한 의미 있고 통찰력 있는 시사점을 주기도 하였다. 높은 중도탈락률이나 평가와 관련된 문제 외에도 교수자가 학습자 개개인에 맞춤화된 평가와 피드백을 제공하는 것이 현실적으로 어렵다는 것 역시 e-러닝에서 흔히 거론되는 문제였는데, Web 2.0 기술은 학습자들에게 비평, 의견이나 유용한 조언을 하고 그들이 필수 상호작용까지 할 수 있는 가능성을 열어주었다. 이러한 기술들은 일반 e-러닝 강좌들에도 성공적으로 적용되었는데, 특히 MOOC에서 더 유용하게 적용되었다. 그중에는 창의적이고 협력적인 작업이 가능한 마이크로 블로그나 위키와 같은 도구들이 있다. 마찬가지로 소셜 미디어, 실시간 미팅, 투표, 공동 작성, 라이브 설문조사와 같은 Web 2.0 도구들은 학습자와 교수자, 그 외 모든 사용자가 상호작용할 수 있도록 지원해 준다.

비록 MOOC가 차세대 e-러닝 묘책으로 묘사되었지만, 우리가 주목해야 할 것은 초기 MOOC의 개념과 정신일 것이다. Siemens와 Downes[22]는 비선형 크라우드소싱 방식(unlinear crowdsourced way)의 네트워크 교육 연구를 위해 MOOC를 시작하였다. Daphne Koller와 Andrew Ng는 일반인은 접근할 수 없었던 최고의 학술자료와 강의에 접근할 수 있도록 Coursera[23]를 오픈하였다. Sebastian Thrun은 대학의 대규모 강의실에서 학생들이 경험하는 것과는 차별된 개인적인 학습경험을 학생들에게 제공하기 위해 Udacity[24]를 오픈하였다. 이와 같은 MOOC의 기본 정신은 우리에게 단순히 테크놀로지의 발전이나 e-러닝 관련 업계의 압력, 또는 경제적인 이유 등으로 특정 e-러닝 방법론을 선택하는 것이 아니라 교육적인 요구를 고려해야 한다는 시사점을 준다. MOOC가 채택한 테크닉, 모델 및 방법론들은 대량 소비를 위한 기존 온라인 학습에서 개별화가 가능하도록 하였고 이는 5장에서 제시하는 e-러닝 모델에 영향을 주었다.

3.3

크라우드소싱

크라우드소싱 개념은 오픈 소스 소프트웨어(open source software)와 대중의 집단적 기여로 무시할 수 없는 힘을 형성하면서 시작되었다. 크라우드소싱은 온라인 네트워크에서 다양한 기술, 역량과 전문 지식이 결합될 수 있도록 해 주었다. 크라우드소싱의 개념은 소프트웨어 영역[25]에서 Open-Source Initiative(OSI)를 통해 성공적으로 검증되었다. OSI는 오픈 소스 소프트웨어 사용을 장려하기 위해 만들어진 단체인데, 프리랜서 개발자들은 자신의 전문성을 공유하고 최종의 공동 목표 달성에 기여하는 것을 기쁘게 생각한다. 크라우드소싱의 완벽한 사례는 바로 사용자들이 새로운 정보를 추가, 작성, 편집함으로써 기여하는 개방형 백과사전 위키피디아(Wikipedia)이다. 컴퓨터 운영 체제 Linux도 크라우드소싱을 통해 수백 명의 개발자들이 효과적이고 효율적인 운영 체제를 만드는 방법을 보여준 좋은 사례이다. 또 다른 사례로는 복잡한 온라인 작업을 위해 작은 단위의 작업들을 나누어 수행하도록 하는 Mechanical Turk[26]가 있다.

이처럼 온라인 사용자들이 공동의 목표를 위해 함께 지식과 전문성을 공유하는 사회적인 측면은 사용자 인터페이스[27], Soylent word-processor[28], 문화 애플리케이션[29], 상업[30], 천문학[31], 뉴스

[32], 정치[33] 및 SuggestBot[34]과 같은 고용 애플리케이션 등의 분야에 성공적으로 적용되었다. 이들의 공통점은 상업적인 파트너와 관련자들을 포함해 독립적이며 같은 생각을 지닌 기여자들이 해결책을 위해 작은 단위의 작업들을 끊임없이 수행하면서 복잡한 문제 해결에 기여하는 작업이라는 것이다. 기여자들은 크라우드소싱의 네 가지 기본 핵심요소인 연결, 커뮤니케이션, 협업 및 집단 학습에 대한 그들의 경험과 전문성을 공유한다[35].

크라우드소싱을 교육 분야에 적용하는 것은 그다지 대중적이지 않다. 2012년 Weld와 연구진[36]이 처음으로 교육에 크라우드소싱을 적용하는 것을 제안하였고 2년 뒤 e-러닝의 효과성을 높이는 방법을 연구하는 프로젝트에서 크라우드소싱이 활용되기도 하였다[37]. 2016년에 마무리된 이 프로젝트는 크라우드소싱과 개인화 기술을 결합하고 다양한 소셜 미디어를 활용하여 기존 e-러닝 강좌의 교육자료에 전문지식과 보충 콘텐츠를 추가하였다. 앞서 언급했던 집단 피드백과 공동작성은 동일한 강좌를 수강하는 학습자들의 공동 노력이기 때문에 크라우드소싱은 MOOC에서도 간접적으로 입증될 수 있다. 마찬가지로, 많은 교수자와 콘텐츠 제공자들이 이용할 수 있는 교육 자원 플랫폼은 e-러닝 강좌를 제공하고 보완하기 위해 유용하게 활용할 수 있는 크라우드소싱의 한 형태이다. 이와 같이 크라우드소싱을 교육 분야에 적용하는 프로세스는 e-러닝에서 집단지성의 힘을 활용하기 위해 개발된 소프트웨어로 쉽게 구현될 수 있다. 마찬가지로 크라우드소싱 개념은 e-러닝 강좌를 수강하는 동안 학습자에게 평가와 지원을 제공할 때 유용하게 사용될 수 있다. 이에 대해서는 5장에서 살펴볼 것이다.

3.4

소셜 네트워크

소셜 미디어는 90년대 후반에 시작된 이후로 세계를 뒤흔들 만큼 놀라운 대중화로 꾸준히 성장해 왔다. 사용자가 만들어내는 콘텐츠와 대중의 강력함은 놀라운 조합이며 인간 본성 자체에 기반을 둔 것이다. 사회적 존재로서 인간은 서로 공유하고 집단적으로 기여하는 것에 매력을 느끼며 동시에 자기중심적 성향으로 인해 과시하는 경향이 있다. 소셜 네트워크는 온라인 커뮤니티와 토론 그룹 등으로 인해 개인이 중요시되고 스포트라이트를 받을 수 있도록 해 주기 때문에 이러한 역동성이 강화된다.

모바일 애플리케이션이 우리 삶 곳곳에 스며들면서 수많은 소셜 미디어 애플리케이션이 우리의 생활을 지배하고 있다. 많은 온라인 사용자들은 하루 종일 공유, 댓글 달기, 게시, 태그 달기, 토론 및 검색하는 일을 하곤 한다. 소셜 네트워크는 사회의 공허함을 채워주었고 관련된 여러 미디어가 우리 삶의 다양한 측면을 다루면서 많은 혜택을 주었는데 그중 하나가 바로 교육 분야이다. Junco와 연구진[38]은 트위터를 활용한 교육을 통해 학습자들이 학습활동에 더 많이 참여하고 교수자 역시 훨씬 더 역동적이고 매력적인 역할로 학습자를 지원하기 때문에 학습자와 교수자의 참여 수준이 높아졌다고 하였다. 또 다른 연구[39]에서는 소셜 미디어의 사용과 학습자들의 긍정적인 학습경험 사이에 높은 상관관계가 나타났다. 이와 같은 긍정적인 연구결과들은 많은 연구들[40-42]에서도 확인되었는데, 이 연구들은 소셜 미디어를 활용해 함께 배우는 것이 더 용이하다고 느낀 학습자들에게는 소셜 미디어가 원활한 의사소통을 위한 긍정적인 단계가 되었음을 보여준다.

이전에 확장되었던 MOOC에서도 알 수 있듯이 소셜 네트워크와 교육의 연관성은 명백히 증명된다. e-러닝 플랫폼은 사용자들이 반복적으로 다른 사람들을 유입시키는 방식으로 마케팅한다. 또한 e-러닝에서 소셜 네트워크를 활용할 수 있기 때문에 참여자들[43]은 특정 교육 맥락에 적합한 글로벌 지식을 습득하고 공유하는 기회를 크라우드소싱 방식으로 얻는다.

3.5
교육적 시사점

효과적이고 기능적인 e-러닝 시스템을 제공하기 위해 정교한 기술 개발이 중요하다고 강조한 많은 연구들[44-47]에서와 같이 본 장은 다양하고 유익한 교육적 시사점을 제공하고 있다. e-러닝의 발전을 이끈 Web 2.0 기술은 우리의 온라인 경험에 영향을 미쳤으며 e-러닝 환경에서 새로운 특성, 습관과 관행을 가져왔다. 이러한 절차들은 대중적이고 참여를 높이는 데 도움이 될 뿐만 아니라, 이 장의 초반에 강조되었던 많은 e-러닝 문제들을 해결하는 데 도움이 될 것이다.

소셜 네트워크를 통해 학습자와 교수자가 서로의 다양한 관심사와 의견들을 알게 될 때 특별히 외로움과 고립감을 감소시킨다는 주장이 제기되었다[48]. 모든 참여자들은 토론을 시작할 수 있고 다른 사람들에게 피드백을 주며 주장을 지속하거나 주장을 뒷받침하기 위해 추가 내용을 보완할 수 있다. 이와 같은 상황들은 특히 학습자들에게 학습의 안정감과 더불어 소속감을 줌으로써 성공적인 학습에 영향을 미칠 수 있다.

마찬가지로, 소셜 네트워크를 추가적으로 사용하면 풍부한 상호작용을 가능하게 하기 때문에 학습동기 수준이 높아지는 것으로 나타났다[49]. 이러한 매체는 학습경험의 일환으로 콘텐츠를 작성하고 큐레이션할 수 있는 학습자들의 자신감을 높여주었으며, 그들의 창의적 특성을 발달시키고 참여와 자기표현을 장려하였다.

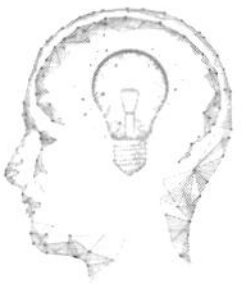

3.6

결론

기술이 e-러닝 발전에 미친 영향은 기술이 가진 역량이나 잠재력을 충분히 충족시켰다. 우리는 e-러닝의 최신 기술 및 개발과 교육적인 전자매체로서의 최적화된 시도가 어떻게 병렬 진화해 왔는지 확인하였다. 이러한 e-러닝 기술 개발과 교육적 시도의 불일치한 진화의 흔적은 의도치 않게 많은 교육적 문제들을 해결하였다. 이는 최신 기술을 맹목적으로 채택하기보다는 e-페다고지를 통해 미래 e-러닝 시스템의 시작에 접근해야 함을 시사해 주며 다음 장에서 이어서 설명할 것이다.

참고문헌

1. Bloom, B.: The 2-sigma problem: the search for methods of group instruction as effective as one-to-one tutoring. Educ. Res. 13(6), 4-16 (1984)
2. Vidakovic, D., Bevis, J., Alexander, M.: Bloom's taxonomy in developing assessment items. J. Online Math. Appl. (2003)
3. Skylar, A. A., Higgins, K., Boone, R., Jones, P.:Distance education: an exploration of alternative methods and types of instructional media in teacher education. J. Special Educ. Technol. 20(3), 25-34 (2005)
4. Kartha, C.: Learning business statistics: online vs traditional. Bus. Rev. 5(1) (2006). Cambridge
5. Piccoli, G., Ahmad, R., Ives, B.: Web-based virtual learning environments: a research framework and a preliminary asssessment of effectiveness in basic IT skills training. MIS Q. 25, 401-427 (2001)
6. Suanpang, P., Petocz, P.: E-learning in Thailand: an analysis and case study. Int. J. E-Learn. 5(3), 415-439 (2006)
7. Halawia, L., McCarthy, R., Piresc, S.: An evaluation of e-learning on the basis of bloom's taxonomy: an exploratory study. J. Educ. Bus. 84(6), 374-380 (2009)
8. AP: Research on the effectiveness of online learning-a compilation of research on online learning, Academic Partnerships, Texas, USA (2011)
9. Chan, A. Y. K., Chow, K. O., Jia, W.: A framework for evaluation of learning effectiveness in online courses. In: Zhou,W., et al. IXWL2003. LNCS, vol. 2783, pp. 383-395. Springer, Berlin (2003)
10. Bernard, R., Abrami, P., Lou, Y., Borokhovski, E., Wade, A., Wozney, L. How does distance education compare to classroom instruction? a meta-analysis of the empirical literature. Rev. Educ. Res., pp. 379-439 (2004)
11. Means, B., Toyama, Y., Murphy, R., Bakia, M., Jones, K.: Evaluation of evidence-based practices in online learning: a meta-analysis and review of online learning studies. U.S. Department of Education, Office of Planning, Evaluation, and Policy Development,Washington, D.C. (2009)
12. Xu, D., Smith Jaggars, S. Online and Hybrid Course Enrollment and Performance in Washington State Community and Technical Colleges. Online Education and Instructional Technology (2011)
13. Johnson, H., Cuellar Mejia, M. Online Learning and Student Outcomes in Californias Community Colleges, California, USA, Public Policy-Institute of California (2014)
14. Neuhauser, C.: Learning style and effectiveness of online and face-to-face instruction. Am. J. Distance Educ. 16(2), 99-113 (2002)
15. ODonoghue, J., Singh, G., Green, C.: A comparison of the advantages and disadvantages of IT based education and the implications upon students. Interact. Educ. Multimedia, 9, 63-76 (2004)
16. Olson, J., Codde, J., deMaagd, K., Tarkleson, E., Sinclair, J., Yook, S.: An Analysis of e-Learning Impacts and Best Practices in Developing Countries. Michigan State University, Michigan (2011)

17. Noesgaard, S., Ørngreen, R.: The effectiveness of e-learning: an explorative and integrative review of the definitions, methodologies and factors that promote e-learning effectiveness. Electron. J. e-Learning, 13(4), 278-290 (2015)
18. Tang, T., McCalla, G.: Beyond learners interest: personalized paper rec-ommendation based on their pedagogical features for an e-learning system. Lect. Notes Comput. Sci. 3157, 301-310 (2004)
19. Weller, M.: The distance from isolation: why communities are the logical conclusion in e-learning. Comput. Educ. 49, 148159 (2007)
20. Bousaaid, M., Ayaou, T., Afdel, K., Estraillier, P.: System interactive cyber presence for e-learning to break down learner isolation. Int. J. Comput. Appl. 111(16), 975-8887 (2015)
21. Davies, J., Merchant, G.: Web 2.0 for Schools-Learning and Social Participation. Peter Lang publishers, New York (2009)
22. Siemens, G., Downes, S.: Current/future state of higher education, edfuture. (2012). http://edfuture.net/ Cited 12 Feb 2013
23. Coursera: Online Courses from Top Universities. (2011). https://www.cour-sera.org/ Cited 12 May 2017
24. Udacity: Personal learning environments. In: Proceedings of the Sixth IEEE International Conference on Advanced Learning Technologies. IEEE Computer Society, Washington, DC, pp. 815-816 (2011)
25. Cox, L.: Truth in crowdsourcing. IEEE J. Secur. Priv. 74-76 (2011)
26. Ramakrishnan, A., Halevy, A.: Crowdsourcing systems on the World-Wide Web. Commun. ACM 54(4), 86-95 (2011)
27. Bernstein, M., Brandt, J., Miller, R., Karger, D.: Crowds in two seconds: enabling realtime crowd-powered interfaces. UIST (2011)
28. Bernstein, M., Little, G., Miller, R., Hartmann, B., Ackerman, M., Karger, D.: Soylent: a word processor with a crowd inside. UIST (2010)
29. Casal, D. P.: Crowdsourcing the corpus: using collective intelligence as a method for composition. Leonardo Music J., 25-28 (2011)
30. Belleamme, P., Lambert, T., Schwienbacher, A.: Crowdfunding: tapping the right crowd. In: The International Conference of the French Finance Association, AFFI (2010)
31. Harvey, D., Kitching, T. D., Noah-Vanhoucke, J., Hamner, B., Salimans, T., Pires, A. M.: Observing dark worlds: a crowdsourcing experiment for dark matter mapping. Astron. Comput. 5, 35-44 (2014)
32. Fitt, V.: Crowdsourcing the news: news organization liability for ireporters. William Mitchell Law Rev. 1839-1867 (2011)
33. Bommert, B.: Collaborative innovation in the public sector. Int. Public Manag. Rev. 15-33 (2010)
34. Cosley, D., Frankowski, D., Terveen, L., Riedl, J.: Suggestbot: using intelligent task routing to help people and work in wikipedia. In: Conference on Intelligent User Interfaces (2007)
35. Literat, I.: The work of art in the age ofmediated participation: crowdsourced art and collective creativity. Int. J. Commun. 2962-2984 (2012)
36. Weld, D.S. et al.: Personalised Online education-a crowdsourcing challenge. In: AAAIWorkshops at Twenty-Sixth AAAI Conference on AI. [S.l.]: AAAI,

pp. 159-163 (2012)
37. Montebello, M.: Investigating Crowd Sourcing in Higher Education. University of Sheffield. Higher Education in the Globalised Age, Sheffield (2014)
38. Junco, R., Heiberger, G., Loken, E.: The effect of Twitter on college student engagement and grades. J. Comput. Assist. Learn. (2010)
39. Rutherford, C.: Using online socialmedia to support preservice student engagement. MERLOT J. Online Learn. Teach. 6(4), 703-711 (2010)
40. Junco, R.: The relationship between frequency of Facebook use, participation in Facebook activities, and student engagement. Comput. Educ. 162-171 (2011)
41. McLeod-Grant, H.,Bellows, L.: Leveraging Social Networks for Student Engagement. Monitor Institute, San Francisco (2012)
42. Churcher, K., Downs, E., Tewksbury, D.: Friending vygotsky: a social constructivist pedagogy of knowledge building through classroom social media use. J. Eff. Teach. 14(1), 33-50 (2014)
43. Jenkins, H.: Confronting the Challenges of Participatory Culture: Media Education for the 21st Century. MIT Press, Cambridge (2009)
44. Manouselis, N., Sampson, D.: Dynamic knowledge route selection for personalised learning environments using multiple criteria. In: Proceedings of Intelligence and Technology in Education Applications Workshop (ITEA 2002), International Symposium on Artificial Intelligence and Applications, 20th IASTED International Conference on Applied Informatics (AI2002), IASTED, Innsbruck, Austria (2002)
45. Dagger, D.,Wade, V., Conlan, O.T.: Towards anytime, anywhere learning: the role and realization of dynamic terminal personalization in adaptive e-learning. In: Proceedings of Ed-Media 2003, World Conference on Educational Multimedia, Hypermedia and Telecommunications. Ed-Media (2003)
46. Conlan, O., Wade, V.: Evaluation of APeLSAn adaptive e-learning service based on the multimodel, metadata-driven approach. In: Adaptive Hypermedia and Adaptive Web-Based Systems, pp. 504-518 (2004)
47. Van Harmelen, M.: Personal learning environments. In: Proceedings of the Sixth IEEE International Conference on Advanced Learning Technologies. IEEE Computer Society,Washington, DC, pp. 815-816 (2006)
48. Miller, D., et al.: How the World Changed Social Media. UCL Press, London (2016)
49. Rosli, M. S. et al.: E-Learning and social media motivation factor model. Int. Educ. Stud. 9(1) (2016)

Chapter
04

학습자 프로파일과 개인화

초록

컴퓨터 과학 분야의 개인화, 사용자 프로파일링, 머신러닝 기술은 모두 인공지능에 속한다. 우리는 머신러닝과 AI의 모든 기술적 세부사항들을 살펴보는 대신 그러한 기술들의 개념적인 적용과 교육적 함의에 대해 논의할 것이다. 또한, 이 장에서는 제품이나 서비스를 개선하는 데에 개인화가 적용되는 독특하고 놀라운 속성들에 주목하고 이에 대해 다루고자 한다. 우리는 산업에서 널리 활용되고 있는 이 기술이 e-러닝의 불편한 점들을 어떻게 개선하고 가치를 더해 줄 수 있는 방향으로 적용될 수 있는지 살펴볼 것이다. 이러한 기술의 주요 개념은 특정 사용자 모델이나 프로파일을 포착(capture)하고 표현(representation)하는 것이다. 이 사용자 표현(user representation)은 시간이 지남에 따라 진화하는 살아있는 모델이며, 특히 학습 환경의 경우에는 프로파일이 학습자를 현실적으로 표현할 수 있도록 지속적으로 업데이트되는 것이 중요하다. 다음 절에서 다루겠지만 사용자 프로파일은 일반적으로 사용자 패턴과 트렌드, 사용자의 관심사, 요구사항과 선택사항들을 이용해 생성되고 훈련된다. 또 다른 절에서는 교육 분야에서 구체적이고 특징적인 학습자 프로파일을 압축(encapsulate)하는 사용자 프로파일링 최적화 기법에 대해 심층적으로 알아볼 것이다. 마지막으로, 추천자 시스템(recommender systems)을 살펴보고 위에서 언급한 모든 부분들이 교육과 e-러닝 발전에 어떠한 영향을 주었는지 살펴보는 것으로 마무리하고자 한다.

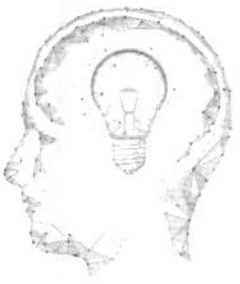

4.1

개인화의 장점

개인화는 그 자체로 제품이나 서비스에 연결되고 적용되어 가치를 더하는 과정이다. Postma와 Brokke[1]는 개인화의 장점에 주목하면서 개인화의 효과를 구체적으로 조사하고 증명하였다. 그들은 특정 사용자 개개인을 대상으로 제공되는 콘텐츠가 높은 관심을 유발한다는 점에서 개인화가 지닌 강력한 힘을 경험적으로 확인하였다. 이는 인간의 본성이 신체적, 심리적, 무의식적으로 개인화를 원한다는 점에서 볼 때 그다지 놀라운 일은 아니다. 개인화된 경험은 인간에게 자신이 유일하고 특별한 존재라는 느낌을 준다. 이러한 우월감과 통제력은 사용자에게 맞춤화된 서비스나 제품을 제공함으로써 개인이 대중과 구별되도록 해 준다. 학습자가 자신의 취향이나 관심사에 맞춰진 학습 콘텐츠를 제공받는 경험은 학습동기를 높이고 학습의 성공적인 수행을 돕는다. 기존에는 모든 것이 일괄적으로 제공되었던 것에 반해 개인화는 학습자들에게 자신이 특별한 대우를 받고 있다는 확신을 주기 때문에 교육계에서 관심이 집중되었다. 학습자에 대한 정보는 학습자의 개인적인 선택에 따라 형성되고 모델링되며 컴파일링된 내용과 경험을 제공한다. Johnson[2]과 같은 심리학자들은 이러한 경험이 건강한 정신과 긍정적이고 생산적인 태도와 연관하여 학습에 도움이 될 수 있다고 하였다. 이처럼 단순하면서도 강력한 개념은 사회 내의 다양한 영역에 적용되었는데, 개인화가 가장 흔히 사용되는 영역은 아마도 판매와 광고 산업일 것이다. 영업사원이 고객의 이름을 기억한다는 단순한 사실은 어떻게 수익을 높일 수 있는지를 알려주는 증거라 할 수 있다. 인간의 뇌가 자신의 이름을 듣는 순간 청각과 시각 처리, 사회적 행동, 장기기억 등을 담당하는 뇌의 많은 부분에 정서적 파급 효과를 일으키며 매우 독특한 방식으로 활성화된다는 것은 과학적으로 입증된 바 있다[3]. 이와 같은 뇌의 활성화는 인간이 자신의 이름이 불려질 때 따뜻하고 특별함을 느끼며 어떤 식으로든 관심을 받고 있다고 생각하는 이유를 설명해 준다.

오래전부터 영업 부서는 고객이 그들의 요구를 드러낼 수 있는 권한을 부여하여 그 고객의 정확한 요구사항을 들어주는 것이 판매 성공 확률을 높이는 데 효과적임을 알고 있었다. 광고주들 역시 그들이 정확한 매체와 정보를 활용하여 고객들을 정확하게 파악한다면 효과적이고 유익한 광고 캠페인을 할 가능성이 크다는 것을 알고 있다. 정치 캠프, 관광 산업, 자동차, 보험 및 기타 여러 분야에서도 비슷한 사례들을 찾아볼 수 있다. Amazon[4]은 데이터 마이닝 기술을 사용하여 고객 프로파일을 생성하고 적합한 제품과 서비스를 추천하는 맞춤형 마켓을 채택한 최초의 기업 중 하나이다. Amazon은 또한 투자 수익률을 높이기 위해 광고보다는 그러한 기술을 활용하는 것을 선호하는 온라인 소매업체에 개인화 알고리즘을 적용하였다. 마찬가지로, Netflix[5]는 사용자들에게 강력한 콘텐츠 추천 엔진을 사용하여 개별 맞춤 콘텐츠를 제공한 두 번째 성공 기업이라 할 수 있다.

개인화의 또 다른 장점은 우리가 정보 과부하를 겪을 때 많은 양의 정보를 처리하는 고되고 힘든 작업을 개인화를 통해 압축하고 완화시킬 수 있다는 점이다[6]. 이런 상황은 개인이 정보의 양에 압도당할 때 발생하는데 개인화는 사용자 개인과 관련 있고 꼭 알아야 할 정보들만 제공해 준다. 일반적인 인사말이 아닌 개인적으로 발송된 이메일을 받는 간단한 작업만으로도 수신자들은 이를 무시하거나 스팸으로 분류하지 않는다. 1990년대 검색 엔진의 경우에는 많은 정보와 온라인 콘텐츠의 홍수 속에서 사용자들이 어려움을 겪었는데 이러한 정보의 과부하 문제를 해결하기 위해 AI가 검색 기술[7]에 적용되었다.

다음 장들에서는 개인화의 효과성이 교수학습 과정도 향상시킬 수 있다는 주장이 제기됨에 따라 개인화가 교육에 적용되는 것에 대해 살펴볼 것이다. 실제로, 교실 상황에서 교수자가 모든 학습자를 위해 정교하게 개인화된 방법을 채택한다면 학습성과는 훨씬 효과적이겠지만 이를 수행한다는 것은 결코 쉽지 않다. 전 세계 수많은 교육 기관들[8]에서 학습자마다 학습 스타일이 다르고 요구하는 것 역시 다르므로 획일적인 방법론을 적용하는 것은 부적절하다는 것으로 보고되었다. 개인화 학습(personalised learning) 환경은 교수자가 최적화된 학습 내용과 환경을 제공하기 위해 테크놀로지의 장점들을 활용하여 학습자의 데이터를 측정, 수집, 분석, 보고할 수 있는 것을 의미한다[9]. 개인화 프로세스에 사용되는 기술은 여러 영역에서 비슷하지만, 특히 학습 환경에서는 웹페이지를 제안하거나 쇼핑 아이템들을 추천하는 것보다 결과의 민감성이 훨씬 클 수 있다. 개인화를 통해 학습 과정의 효과성을 높이기 위해서는 데이터 도구들과 지능형 기술을 활용하여 학습자 관련 데이터를 사용해야 한다. 연결주의 학습이론(connectivism learning theory)을 개념화한 Siemens[10] 역시 개인화된 학습에 대해 연구하였는데, 그는 연결된 자료들에 의미를 부여하는 네트워킹 능력의 도움으로 온라인 정보들 간 연결을 통해 교육에서의 개인화가 가능했다고 주장하였다. 유명 출판사 Pearson은 여러 기관들과 협력하여 학습자의 과거 학습 이력에 기반해 맞춤형 피드백과 개별화된 교육 지침을 제공하는 형태로 e-러닝에 개인화 기술을 적용하였다[11]. 2013년에 시작된 이 이니셔티브는 첫 해에 4,000여 대학에 서비스를 제공하였다. 또 다른 출판사 CogBooks와 University of Edinburgh는 학습자를 위한 개인화된 인터페이스를 구축하였으며 교수자가 진화하는 수업에 맞춰 수업자료를 조정하는 유사한 이니셔티브[12]를 추진하였다. 이 출판사는 두 개의 다른 대학인 Arizona State University와 University of

Colorado Boulder와도 협업하였는데[13], 이 프로젝트는 맞춤형 콘텐츠와의 상호작용을 기반으로 특정 학습자에게 형성적인 추천을 하는 개인화 기술에 대한 것이었다. 이 프로젝트에 참여한 CogBooks 출판사는 프로젝트의 성과가 매우 고무적이기 때문에 개개인의 학습자들을 고유하게 교육하고 있다는 점에 대해 매우 자랑스럽게 생각한다고 하였다[14]. Reddy[15] 역시 University of Wisconsin-Milwaukee의 학습자 기반 시스템 U-Pace에서 학습자들이 자신의 학습 결과에 따라 학습 진도와 개인화된 행동 계획에 대한 맞춤형 조언과 개별화된 지도를 받았다고 보고하였다. MIT는 자신의 관심사와 학습 관련 요구사항들을 명확하게 밝힌 학생들을 대상으로 콘텐츠의 개인화를 실험하는 무료 e-러닝을 MITx 프로그램을 통해 제공하였다[16]. 또 다른 이니셔티브로는 IMS Global Learning 컨소시엄이 300개의 교육 기관에서 표준 방식으로 학습자 프로파일을 정의하기 위해 제안한 set metrics인 Caliper[17]가 있다. 학습자는 공통 프로토콜을 사용하여 대학 전체에서 개인화된 콘텐츠에 접근할 수 있었다. The Bill and Melinda Gates 재단 역시 보조금 제도가 마련됨에 따라 교육 분야의 개인화에 기여하였다. 그들은 학습 프로그램인 Enlearn과 함께 ALMAP(Adaptive Learning Market Acceleration Program)를 활용하여 강의실을 적응형 학습 환경으로 전환하고 맞춤화된 콘텐츠와 강의를 통해 개별 학습자의 학습 과정을 촉진하였다. 한편, 개인화된 학습경험을 제공하기 위해 말레이시아에서 개발된 iClass 이니셔티브[18]도 주목할 필요가 있다. 이 웹 기반 프로젝트는 인터페이스, 콘텐츠와 환경을 맞춤화할 수 있는 다양한 기술을 통합하였고 학습자의 요구에 따라 해외 애플리케이션을 추가할 수 있도록 하였다. University of Oxford는 iClass를 성공적으로 사용하였고 중고등학교에서도 학습자를 지원하기 위해 사용되었다. 뿐만 아니라, 즉각적인 성취도 분석으로 교수자들의 수업을 지원하였다[19].

4.2

사용자 관심사를 포착하기

지능형 시스템은 인간의 행동을 시뮬레이션하며 인간이 해야 할 일을 인간보다 더 잘 수행하기도 하는데 이것이 지능형 시스템이 지닌 특별함과 스마트함이라 할 수 있다. 우리가 인간으로서 서로에게 얼마나 관심이 있는지 혹은 서로에게 얼마나 애정이 있는지는 대개 그 사람만의 독특한 세부 정보와 특정한 부분에 주의를 기울이는 것을 통해 알 수 있다. 실제로 성격의 미세한 부분들까지 파악하는 것은 모든 사람이 잘할 수 있는 일은 아니다. 이는 세부적이고 세세한 것들에 주의를 기울이고 한 사람이 다른 이들과 구별되는 특이점이 무엇인지 파악함으로써 알 수 있다. 누군가에게 긍정적이거나 부정적인 피드백, 그리고 특별한 처치를 하는 등의 기술을 활용하면 개인에 대해 축적된 세부사항들을 강화하거나 축소하고, 더 나아가 삭제해 버릴 수도 있을 것이다. 이러한 순환적인 과정은 인간의 특징이자 어느 정도의 지능과 상식이 필요한 과정이다. 사용자의 관심사를 포착하기 위해 인간의 이러한 기술과 행동을 시뮬레이션할 때 소프트웨어 알고리즘을 사용할 수 있을까? 사용자에게 자신의 관심사를 직접 입력하도록 요청하는 것은 지능을 전혀 포함하지 않으며 실제로 많은 시스템이 이러한 단순한 방법을 사용한다. 그런데 사용자의 관심사를 포착하는 이 방식에는 몇 가지 문제가 있다. 무엇보다도 이러한 기법은 일반적으로 사용자가 포털에 처음 등록할 때나 새로운 시스템이 설치될 때 프로세스의 첫 단계에 적용된다. 이는 콜드 스타트(cold start) 없이 사용자에게 권장 사항이나 제안을 제공하는 시작 지점부터 포털이나 시스템의 기능이 즉시 촉발되도록 하기 위해 수행된다. 콜드 스타트[20]란 알고리즘을 기반으로 구동할 데이터나 기록이 없는 사용자에게 관련 정보나 미디어를 제안하도록 프로그래밍된 지능형 시스템이 없는 것을 말한다. 결과적으로 그러한 불편함을 극복하는 방법은 사용자가 명시적으로 언급한 관심사를 알고리즘에 직접 적용하는 것인데, 이는 너무 일반적일 수 있으며 협업 필터링(collaborative filtering)[21]이나 사회적 선택 이론(social choice theory)[22] 등을 통해 유사한 사용자 군집 내에 사용자를 동화시키려고 시도한다. 이러한 작업 방식의 명백한 단점은 사용자가 포털에 처음 등록할 때나 새로운 시스템이 설치될 때 최소한의 정보만을 입력하려는 인간의 근본적인 성향과 관련이 있다. 이는 콜드 스타트 문제를 해결하려는 모든 기술의 적절한 기능들을 위태롭게 만든다.

추천 사항을 개인화하고 맞춤화하기 위해 사용자 관심사를 포착하는 것과 관련된 또 다른 문제는 그러한 관심사가 매우 다양하며 시간이 지나면서 빠르게 변한다는 사실이다. 따라서 지능형 추천자(intelligent recommender)가 지속적으로 사용자 관심사를 암묵적으로 포착하도록 설계되지 않는 한 시스템은 실패하고 더 이상 유용하지 않으며 관련 없는 추천들을 생성하게 될 것이다. 이 문제를 해결할 수 있는 방법은 초기에 사용자가 자신의 관심사를 최대한 상세하게 입력하도록 하고, 동시에 다이내믹 시스템이 시간이 지남에 따라 사용자의 관심사를 암묵적으로 포착하도록 하여 콜드 스타트 문제를 해결하는 것이다. 다양한 기술을 사용해 서로 다른 방법들의 조합을 묘사하는 시도들[23-26]이 있었으며, 적용 영역이 뉴스, 영화, 쇼핑, 교육자료와 멀티미디어 콘텐츠에 이르기까지 다양하였기 때문에 연구결과 역시 다양하였다. 이는 인간이 미지의 통제 불가능한 변수이기 때문에 이와 관련된 연구 영역이 얼마나 유동적이고 불안정한지를 보여주는 것이다.

사용자의 관심사를 포착하고 그러한 관심사가 사용자를 최대한 정확하게 특정 짓고 현실적으로 구현되도록 하는 것은 매우 복잡한 프로세스의 시작일 뿐이다. 이러한 관심사가 한번 포착되고 나면 특정 사용자가 소비할 수 있는 뉴스, 아이템, 멀티미디어 등을 식별하는 데 사용할 수 있다. 이 작업을 주기적으로 수행하기 위해서는 각 사용자의 관심사와 우선순위를 고유하게 나타내는 특정 사용자 프로파일을 생성하고 유지하는 것이 효율적이고 편리하다. 또한, 이와 같은 프로파일은 효과적으로 진화하며 더 사실적인 사용자 표현을 유지할 수 있다. 이 사용자 프로파일은 교육 현장에 어떻게 적용될까? 학습자에 대한 교육 기록 데이터는 추천자 시스템에서 어떻게 압축될까?

4.3

학습자 프로파일링

역동적이고 진화 가능한 학습자 프로파일은 학습자의 관심사를 지속적으로 포착함으로써 동일한 프로파일을 재사용하고 지속적으로 수정할 수 있음을 의미한다. 학습자 프로파일은 교수자가 특정 학습자를 가르치고 상담하거나 지도하기 전에 이해하면 좋을 모든 지식들을 포착하고 압축한다. 프로파일은 학습자의 기술, 관심사, 선호도, 강점 및 약점, 어려움, 특별히 주의가 필요한 영역 등에 대한 정보를 축약하여 보여주고 학습자의 성과를 제시한다. 학습자에 대한 이러한 정보는 개별 정보뿐만 아니라 복합적인 정보로서도 주의를 더 기울여야 하는 문제가 무엇인지 알려주기 때문에 일반적인 e-러닝 내용과 전달 방식을 맞춤화하는 데 도움이 될 수 있다. 학습자 프로파일은 개인화 프로세스를 지원하는 것 외에도 다양한 목적으로 활용될 수 있다. 실제 강의실에서 유사한 성향의 학습자들을 그룹핑하는 것이 유익할 수 있는데 e-러닝에서는 학습자 프로파일 분석을 통해 학습자들의 사회적 상호작용을 촉진할 수 있다. e-러닝은 학습자 프로파일을 유용하게 활용할 수 있고 지능형 자동화 시스템(intelligent automated system)은 학습자 프로파일을 AI 알고리즘 정교화를 위한 훈련 데이터로 사용할 수 있다.

학습자는 자신의 학습 프로파일이 형성되고 업그레이드되는 것에 흥미를 느낄 것이며, 이를 수정하여 보다 완벽한 프로파일을 만들고자 할 것이다. 일반적으로 인간이 목표를 설정할 때 더 좋은 성과를 낸다는 것은 잘 알려져 있다. 한 연구[27]에서는 게임에서 중간 목표 달성과 성취 배지 사용 등과 같은 기법들을 활용하면 학습자들의 참여도와 동기 수준이 향상된다는 것이 확인되었는데, 이러한 기법들은 선택적인 목표, 도전, 그리고 학습자들의 행동에 긍정적인 영향을 미치는 것으로 볼 수 있는 정의적인 성과로 인식될 수 있다.

교수자는 학습자 프로파일링을 활용해 학습자의 다양한 요구에 맞게 교수 전략을 효과적으로 수정할 수 있다. 실제로 다양한 학습자 프로파일의 각각의 요구사항들을 반영하기 위해 차별화된 수업을 설계하고 준비하는 것은 무척이나 어려운 일이다. 일단 교수자가 학습 프로파일을 통해 특정 학습자의 요구사항을 완전히 인지하고 이해하면 학습자의 교육적인 요구들을 채워주고 지원하기 위한 노력을 할 수 있다. 실용적 측면에서 교수자는 보다 전략적으로 수업을 설계할 수 있으며, 개별 학습자나 학습자 집단의 학습 요구에 대응하여 다양한 교육적 접근 방식을 채택할 수 있다. 학습자 프로파일의 요구에 맞게 교수 전략을 차별화하는 방법은 다양하고 유연한 방식으로 가르쳐야 할 뿐만 아니라 거시적인 계획과 정보에 기반한 교육학적인 결정이 필요한데, 이것이 바로 지능형 e-러닝 시스템(intelligent e-learning system)이 지향해야 하는 것이다. 지능형 e-러닝 시스템은 교수자가 중요한 작업을 수행하는 데 도움이 될 뿐만 아니라 다양한 학습 프로파일을 가진 학습자들이 도전적이고 복잡한 학습 상황에 놓였을 때 교수자가 최적으로 학습자를 지원할 수 있도록 해 준다. 즉, 특정 학습자를 위한 콘텐츠 선택, 학습 선호도 분석, 교재 제공, 학습자의 관심사와 관련된 예시 제공, 학습자에게 가장 적합한 평가 방법을 설계하고 제안할 수 있도록 해 준다.

학습자가 직접 만들어가는 학습자 프로파일을 어느 정도나 신뢰할 수 있을까? 학습자 프로파일 내용과 프로파일 업데이트 빈도는 프로파일의 타당성, 효과성과 사용 목적에 영향을 미치는 중요한 요인이다. 지능형 자동화 시스템이 신뢰할 만하고 안정적인 것은 바로 이러한 이

유에서이다. 지능형 자동화 시스템은 학습자의 성취도와 경험에 대해 설명하며 학습자 프로파일을 디지털로 구현하는데, 이를 일반적으로 개인 학습 포트폴리오(Personal Learning Portfolios, PLP)라고 한다. 다음 장에서는 개인 학습 포트폴리오가 어떻게 발전했는지, 개인 학습 포트폴리오가 어떻게 특정 학습자를 대표하는지, 최신의 학습자 프로파일을 훈련, 생성, 유지하기 위해 개인 학습 포트폴리오가 어떻게 활용될 수 있는지에 대해 살펴볼 것이다.

4.4

교육적 추천자

우리는 학습자가 최적의 학습경험을 할 수 있도록 지원하기 위해 학습자 프로파일을 사용한다. 교수자가 학습자의 학습 관련 이력들에 대한 정보를 충분히 알고 있다면 좀 더 유리한 위치에서 시작할 수 있을 것이다. 즉, 학습자 프로파일을 활용하면 교수자는 가장 이상적으로 개인화된 수업 환경을 제공하기 위해 적합한 교수 방법과 교육 맥락, 정확한 요구사항들을 알게 될 것이다. 개인화된 수업 환경에는 매체, 기술, 학습 주제, 평가 방법, 전달 속도 및 교수자 음성의 높낮이, 그리고 학습자와 학습 과정에 불가피하게 영향을 미치는 모든 세세한 요소들이 포함된다. 지능형 자동화 시스템은 위에서 설명한 동일한 정수병렬(quintessence parallelism)을 사용하여 각각의 고유한 학습자의 학습 프로파일에 관여함으로써 이상적인 학습 환경의 제공을 약속한다. 여기서 중요한 것은 이 시스템이 교수자를 대체하기 위한 것이 아니라 보다 스마트한 학습 추천 사항들을 제공하고 개인 학습 포트폴리오(PLP)를 자동으로 업데이트하기 위한 것이라는 점이다.

교육적 추천자는 아주 새로운 개념은 아니며 AI가 아직 초기 단계였던 1960-70년대부터 있었던 개념이다. 교육적 추천자는 그 이후 크게 발전하였으며 적응형 교육 하이퍼미디어(adaptive educational hypermedia)라

불리는 시스템을 통해 개인화된 학습 추천을 제공한다. 적응형 교육 하이퍼미디어 시스템은 주로 추천자 시스템의 첫 번째 필수 요소인 콘텐츠의 총괄적 수정을 위해 다음의 네 개 파트[28]로 구성된다. 학습자의 지식 베이스는 일반적으로 교수자가 제공하는 교육 자원이나 개인 또는 공공의 자원을 통해 채워진다. 또 다른 구성요소는 맞춤형 자료를 제공하기 위해 저장된 콘텐츠를 사용하는 추천 알고리즘이다. 이러한 적응 메커니즘에는 이전 절에서 살펴보았던 학습자 프로파일이 필요한데, 이 학습자 프로파일이 바로 세 번째 요소이다. 마지막으로, 앞서 언급한 것처럼 이 학습자 모델은 시간이 지남에 따라 진화해야 하기에 학습자 피드백, 행동과 결과를 포착하는 방법이 필요하다. 이러한 시스템에서의 관찰은 학습자 프로파일을 생성하고 최신 상태로 유지하기 위한 훈련 자료가 된다고 할 수 있다.

추천자 시스템이 필요에 따라 제대로 작동되고 있는지 확인하고 많은 작업을 수행하기 위해서는 전담 전문가가 필요하다. 전통적인 면대면 시스템을 포함해 모든 교육 시스템에는 학습 자료의 내용과 기본 구조를 명시하는 데 필요한 지식을 갖춘 사람이나 내용 전문가가 필요하다. 추천자 시스템은 지식 베이스 내에서 모든 주제를 아우르는 강의계획서를 잠재적으로 사용할 수 있으며 적응형 메커니즘은 지식 베이스에서 이를 선택할 수 있다. 그러나 추천자 시스템이 제대로 작동되기 위해서는 콘텐츠의 어떤 구성요소들은 여전히 유지되어야 할 때도 있기에 교육적 기반의 인코딩된 설계를 따라야 한다. 마지막으로, 추천자 시스템은 그 자체로 지능적으로 결합될 수 있도록 인터페이스가 설계되어야 한다. 지능형 사용자 인터페이스는 그 자체로도 연구 분야이지만 일반적인 인터페이스 설계는 전문 설계자가 특정 학습자들을 위한 최상의 방법으로 학습 콘텐츠와 교육 방법을 제시하도록 설정할 수 있다. 이를 통해 전체 프로세스에서 고려해야 할 정확한 순서와 체계가 있다는 것을 알 수 있다. Brusilovsky[29]는 적응형 하이퍼미디어 추천자 시스템의 네 가지 주요 단계를 다음과 같이 제안하였다.

1. 효율적으로 설계된 지식 베이스에서 성공적인 목표를 설정하고 정확한 콘텐츠를 효과적으로 전달하기 위해 추천자 시스템의 중심에 구조화된 도메인 모델을 사용하라. 시멘틱 웹에서 온톨로지는 온라인상에서 무료로 제공되는 다양하고 이질적인 교육 자료들을 의미 있게 포착, 저장하고 콘텐츠의 사용을 단순화, 자동화한다. 특히, 이 단계에는 콘텐츠 자체가 아니라 합리적이고 일관성 있는 방식으로 콘텐츠를 유지하고 지원할 구조가 포함된다.
2. 실제적인 학습자 표현을 위해 이 절(4.4)에 설명된 방식으로 학습자 모델을 포착하고 보존하기 위한 개인 학습 프로파일 방법론을 사용하라. 학습자 모델을 표현하기 위해 온톨로지를 사용하는 것은 앞서 설명한 도메인 모델과 연결될 수 있는데, 이를 통해 중복을 식별하고 그에 따라 학습자가 관심을 가질 수 있는 것과 특정 학습 프로파일에 맞는 것을 감지할 수 있다. 또한 개인 학습 포트폴리오(PLP)는 시간이 지남에 따라 적응하고 진화해야 하므로 역동적이고 쉽게 적응할 수 있는 특성으로 인해 온톨로지를 이상적으로 만든다.
3. 모든 자원을 설명하는 데 사용될 교육 매체 공간을 설계하라. 앞의 두 단계에 따라 RDF(Resource Description Framework)와 같은 기술을 사용하면 이러한 자원을 다른 온톨로지 측면과 쉽게 통합하고 효과적으로 사용할 수 있다. 학문적인 관련성을 포함해 특정 교육 자원의 모든 속성들을 설명하고 포착하기 위한 강력하고 포괄적인 방법론은 성공적인 참여와 자원 자체의 효과적인 활용을 지원하고 개선할 것이다. 강력하고 안전한 교육 매체 공간일수록 성공적이고 생산적인 추천자 시스템이 될 수 있다.
4. 교육 프로그램의 일부로 특별히 선정된 교육 자원을 식별, 검색, 사용할 수 있도록 학습자 모델을 도메인 모델 및 매체 공간에 일치시키는 적응 규칙을 적용하라. 알고리즘 규칙은 학습자가 수강해야 할 강좌, 채택된 자원과 방법론을 선택해야 할 때 개인 학습 포트폴리오(PLP)를 통해 학습자 관심사, 특성, 요구사항과 선호도가 다루어지도록 해 준다.

사용된 방법론과 채택된 기술은 연구자들이 다양한 방식으로 수행한 가설, 실험과 평가에 따라 꾸준히 논의의 대상이 된다. 어떤 방법들은 특정 상황이나 영역에서 더 잘 수행되는 반면 어떤 방법들은 다양한 상황과 조건에 노출될 때 우수한 추천을 실행하기도 한다. 여기에서 기억해야 할 진실은 모든 상황과 모든 영역에 적용될 수 있는 마법의 조합은 없다는 것이다.

4.5

결론

이 장에서 우리는 AI가 e-러닝의 발전에서 어떤 역할을 할 수 있는지에 대해 살펴보기 시작하였다. 모든 작업, 노력과 연구를 가치 있게 만드는 핵심은 개인화 이면의 현상이다. 개인화는 뿌리 깊이 내재된 인간의 특성을 고려한다는 점에서 주목할 만하고 설득력 있는 요소이며, 보다 성공적인 e-러닝 경험을 제공하기 위해 개인화 기술이 활용될 수 있다. 이를 위해 여러 가지 이슈들을 논의하였고 교육적 추천자(educational recommender) 내에서 관점들을 제안하였다. 온톨로지의 사용은 포착해야 할 사용자의 관심사뿐만 아니라 도메인 지식 기반을 모델링하는 이상적인 구조라는 점에 대해 논의하였다. 학습자 프로파일에 대해서는 각 학습자의 구체적이고 독특한 학업 특성을 압축하기 위한 세부적인 사항들을 논의하였으며, 학습자 프로파일이 학습자의 피드백과 추천자와의 상호작용이 AI 기술을 더욱 촉진함에 따라 진화하였다고 논의하였다. 이 모든 것이 어떻게 결합될까? 다음 장에서는 'e-러닝 맞춤화'라는 우리의 목표에 훨씬 가까워지는 모델을 제안할 것이다.

참고문헌

1. Postma, O., Brokke, M.: Personalisation in practice: the proven effects of personalisation. J. Database Mark. 9(2), 137142 (2002)
2. Johnson, J.A.: Freedom and Control. Psychology Today, Sussex, 30 (2011). https://www.psychologytoday.com/blog/cui-bono/201104/freedom-and-control. Cited 21 January 2015
3. Carmody, D.P., Lewis, M.: Brain activation when hearing ones own and others names. Brain Res. 1116(1), 153158 (2006)
4. Linden, G., Smith, B., York, J.: Amazon.com Recommendations Item-to-Item Collaborative Filtering, Internet Computing, pp. 76-80 (2003)
5. Gomez-Uribe, C.A., Hunt, N.: The netflix recommender system: algorithms, business value, and innovation. Trans. Manag. Inf. Syst. 6(4), 1-15 (2015)
6. Melinat, P., Kreuzkam, T., Stamer, D.: Information overload: a systematic literature review. In: Johansson, B., Andersson, B., Holmberg, N. (eds.) Perspectives in Business Informatics Research. [S.l.], pp. 72-86. Springer (2014)
7. Montebello, M.: Metasearch+Machine Learning=WWWInformation Overload. J. Comput. Inf. (JCI), Canada, 3(1) (1999). ISSN 1201-8511
8. Educause: Personalized Learning (2016). https://library.educause.edu/topics/teaching-andlearning/personalized-learning. Cited 15 September 2016
9. Lonn, S., Nixon, A., Morgan, G., VanDenBlink, C., Dahlstrom, E.: Moving the Red Queen Forward: Maturing Learning Analytics Practices, Educause15 (2015)
10. Siemens, G.: SenseMaking Artefacts, Connectivism (2012). www.connectivism.ca. Cited 12 Nov 2015
11. Knewton: Pearson and Knewton Team Up to Personalize Math Education, Knewton in the News (2016). https://www.knewton.com/resources/press/pearson-and-knewton-team-up-topersonalize-math-education/. Cited 20 Dec 2016
12. CogBooks: Using adaptive learning tools An educators perspective (2015). https://www.cogbooks.com/2015/09/15/using-adaptive-learning-tools-an-educators-perspective/. Cited 18 Nov 2016
13. Lawlor, O.: Metacog releases open ended rubric based machine scoring service (2015). http://www.metacog.com/blog/files/category-assessment.html. Cited 30 June 2016
14. CogBooks: Improve Student Success and Retention with Adaptive Courseware (2016). https://www.cogbooks.com/2016/02/04/improve-student-success-and-retention-with-adaptivecourseware/.Cited 12 Dec 2016
15. Reddy, D.M.: U-Pace. University of Wisconsin-Milwaukee. Educase (2014)
16. MIT: MITx, Free online courses from MIT (2016). https://www.edx.org/school/mitx. Cited 8 Nov 2016
17. IMS: Learning Measurement for Analytics Whitepaper, IMS Global Learning Consortium, Inc. (2013). https://www.imsglobal.org/sites/default/files/caliper/IMSLearningAnalyticsWP.pdf. Cited 15 Sept 2016
18. Ined: Institute of Neo Education, iClass Learning Management System

(2016). http://iclass.ined.uitm.edu.my/. Cited 9 Feb 2017
19. OUP: Oxford University Press (2016). https://www.oupchina.com.hk/elt/events/20160305-iclass-seminar. Cited 12 Dec 2016
20. Bykau, S., Koutrika, G., Velegrakis, Y.: Coping with the Persistent Cold-start Problem. In: Personalized Access, Profile Management, and Context Awareness in Database, PersDB 2013 (2013)
21. Takacs, G., Pilaszy, I., Nemeth, B., Tikk, D.: Scalable collaborative ltering approaches for large recommender systems. J. Mach. Learn. Res. 10, 623-656 (2009)
22. Li L., Tang X.: A solution to the cold-start problem in recommender systems based on social choice theory. In: Lavangnananda K., Phon-Amnuaisuk S., EngchuanW., Chan J. (eds.) Intelligent and Evolutionary Systems. Proceedings in Adaptation, Learning and Optimization, vol. 5. Springer, Cham (2016)
23. Li, L., Zheng, L., Yang, F., Li, T.: Modeling and broadening temporal user interest in personalized news recommendation. Expert Syst. Appl. 41(7), 31683177 (2014)
24. Burke, R.: Hybrid systems for personalized recommendations. Intelligent Techniques forWeb Personalization, p. 133152 (2005)
25. Chu,W., Park, S.: Personalized recommendation on dynamic content using predictive bilinear models. In: Proceedings of the 18th international conference on world wide web, p. 691700. ACM (2009)
26. Albanese, M., Chianese, A., d'Acierno, A., Moscato, V., Picariello, A.: A multimedia recommender integrating object features and user behavior. Multimed. Tools Appl. 50(3), 563585 (2010)
27. Hakulinen, L., Auvinen, T., Korhonen, A.: The effect of achievement badges on students behavior: an empirical study in a university-level computer science course. Int. J. Emerg. Technol. Learn. 10(1), 18-29 (2015)
28. Henze, N., Nejdl,W.: A logical characterization of adaptive educational hypermedia. New Rev. Hypermedia Multimed. (NRHM) 10(1), 77-113 (2004)
29. Brusilovsky, P.: Developing adaptive educational hypermedia systems: From design models to authoring tools. In: Murray, T., Blessing, S., Ainsworth, S. (eds.) Authoring Tools for Advanced Technology Learning Environment, pp. 377-409. Kluwer Academic Publishers, Dordrecht (2003)

Chapter

05

개인 학습 네트워크, 개인 학습 포트폴리오와 개인 학습 환경

초록

AI 기반 e-러닝 개인화를 위한 모델 개발은 이 장에서 구체화되기 시작한다. 이는 학습자 중심의 지속 가능한 교육 시스템을 만들고 이용하기 위한 노력의 일환으로 각 개인 학습자 또는 평생 학습자가 스스로 설정하고 구축하는 개인 학습 환경의 일부를 형성하게 된다. 개인 학습 환경(PLE)은 학습자에게 진정한 힘을 부여하는 개인화 기능을 통해 학습자가 필요로 하는 모든 것을 포착하는 이상적인 수단이다. Morrison[1]은 [그림 5.1]에 제시된 것처럼 PLE 내의 두 가지 필수 구성요소를 제시한다. 이러한 각 구성요소는 중요한 역할을 수행하며, 지능형 개인 학습 환경을 생성하기 위해 최적으로 설정되고 호환되도록 설계되었는지 면밀히 조사해야 한다. 개인 학습 네트워크(PLN) 및 개인 학습 포트폴리오(PLP)는 개인 학습 환경(PLE)의 일부이며, 본 장의 각 절에서 설명된다. 개인 학습 네트워크(PLN) 및 개인 학습 포트폴리오(PLP)를 지원하는 근본적인 기술들은 교육과의 관련성, 교수적 효과성 및 이론적 적합성 측면에서 정당화될 것이다. 이 두 가지 요소 모두 학습경험을 풍부하게 하기 위해 어떻게 최신 기술을 활용하고 강화할 것인가? 학습자가 PLE의 중심에 있을 뿐만 아니라 매체를 완전히 제어할 수 있도록 다양한 기술이 어떻게 호환될 것인가? 다음 장에서 제시되는 모델의 일부 요인으로 소개되는 개인 학습 네트워크와 개인 학습 포트폴리오는 서로를 보완하는 역할을 한다.

5.1

개인 학습 네트워크(PLN)

개인 네트워크 개념은 일반적으로 사람 주변의 물리적 장치 네트워크를 수반하는 통신 네트워크와 관련이 있다. 이를 개인통신망(Personal Area Network)이라고 한다. 이는 휴대폰 외에 카메라, 디스플레이 안경, 저장 장치, 웨어러블 및 헤드폰, 시계, 스피커 같은 기타 장

그림 5.1 PLE의 구조

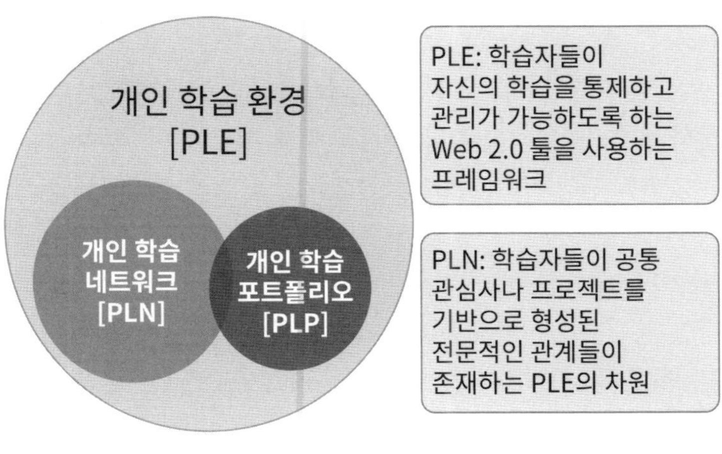

치 등을 포함한 네트워크로 연결된 디바이스를 말한다. 개인통신망의 주요 역할은 사용자가 웹이나 무수한 온라인 정보에 연결된 입출력 장치에 액세스하도록 하는 것이다. 개인통신망은 사용자에게 필요한 모든 입력 소스 및 출력 장치를 갖추어 무선으로 연결된 기능을 활용하면서 최적으로 통신하고 작동한다. 개인 네트워크를 학습 환경에 적용하면 학습자의 학습 요구를 도와줄 수 있는 일련의 가상 교육자원에 둘러싸여 있는 이상적인 학습 환경이 된다. 이러한 지원 시스템은 매우 효과적이며 권장되어야 하는데, Leone[3]은 소셜 네트워크에서 웹 자원과 크라우드소싱된 지식을 얻을 수 있게 도와주는 지원 시스템을 갖추는 것은 매우 필수적이고 중요하다고 하였다. 이러한 맞춤형 학습 네트워크는 학습자 주변에 밀접하게 연결되어 있으며 새로운 소스가 추가되거나 관계가 발전함에 따라 학습자와 함께 지속적으로 진화한다. 교육의 과정이 발전하고, 학습자의 요구가 변경되며, 새로운 자원의 이용이 가능해짐에 따라 학습자와 학습 관련 네트워크 간의 자체 상호작용은 변화와 적응의 주체가 된다. 개인 학습 네트워크(Personal Learning Network, PLN)는 개별 학습자를 고유한 방식으로 적절하게 지원하고 최적으로 돕는 학습 자원들을 개발, 큐레이션, 활용할 수 있도록 한다. 예전에는 학습자들이 책과 노트에 둘러싸인 환경에서 교수자들과 교육적 상호작용을 하는 것이 항상 가능하지 않았다. 그러나 온라인이 보편화되고 학습자의 삶이 유비쿼터스화되면서, 개인 학습 네트워크를 구축하는 것이 이제는 현실적으로 가능하게 되었다.

교육 연구자들은 이제서야 Siemens[4]에 의해 제안되었고 Downes[5]에 의해 옹호되었던 연결주의 이론을 통해 이러한 현상들을 이론적으로 설명한다. 연결주의는 온라인 연결 기능을 통해 학습자에게 권한을 부여한다. 학습자들은 사용 가능한 리소스 및 자료에 자유롭게 접근하고 상호작용하며, 교육의 이점을 얻기 위해 이를 활용한다. 교육은 콘텐츠 및 지식뿐만 아니라 인터렉티브한 Web 2.0에서 많은 활동들을 통해 가능하게 되었다. 학습자는 교실 상호작용으로는 불가능했던 무한한 자원을 활용할 수 있는 가능성을 갖게 되었다. 그들은 자신의

PLN을 통해 동료 학습자들과 아이디어와 정보를 공유, 기여, 생성할 수 있게 되었고 이를 통해 협력·협동이 가능하게 되었다. Web 2.0을 통해 학습자들은 학습참여가 보다 더 용이하게 되었고, 지원을 아끼지 않는 학습 네트워크에 참여함으로써 학습은 더욱 촉진되었고 동기가 부여되었다.

또한 PLN은 학습자가 자유롭게 학습적 접촉, 자원 및 연결의 범위를 강화하고 확대할 수 있으므로 고립감에 대한 문제를 감소시킨다. 이것은 학습자가 스스로 결정한 방식으로 특정 교육 경로와 특정 학습 네트워크를 자율적이고 독립적으로 선택하는 새로운 평생 학습 방법을 만든다. 학습자는 자유롭게 새로운 교육적 관심사를 시작하고, 이전 학습내용을 재생성하며, 잠재적인 대안을 찾는다. 검색, 식별, 수집, 재구성, 대조 및 큐레이트를 통한 교육적 실행은 효과적인 교육을 가능하게 한다. 이러한 학문적 연결을 가능하게 하는 도구는 학습자가 역동적으로 지식의 확산에 기여함에 따라 널리 사용되고[6] 효과적으로 활용된다[7].

PLN을 정착시키는 데에 관련성이 높은 것은 이전 3.3절에서 소개된 크라우드소싱 개념이다. 크라우드소싱은 수많은 온라인 요소를 병합할 수 있다. 이러한 요소는 잠재적으로 무수한 기술, 풍부한 노하우뿐만 아니라 학습요구에 맞는 맞춤형 교육 경험을 제공하는 데 필요한 전문 지식을 제공한다. 이 웹은 방대한 온라인 지식 저장소를 확장하려는 학습자들의 자유 의지에 기반하여 공유, 협력 및 기여가 가능한 플랫폼을 제공한다. 연구자들[8]은 이러한 기술이 온라인 개인 네트워크 안에서 지식 근로자들을 연결하여 정보를 교환할 수 있게 함으로써, PLN이 소셜 네트워크의 이점을 최대한 활용할 때 가치를 더한다는 주장을 입증하였다. PLN은 학습 시나리오에서 중요한 역할을 한다. 또한 다음 장에서 제시되는 모델의 필수 부분을 구성한다.

5.2

개인 학습 포트폴리오(PLP)

개인 학습 포트폴리오, 전자 포트폴리오 또는 e-포트폴리오가 언급될 때 학습자 프로파일은 의도하는 바와 달리 다양한 해석이 있어왔다. 여기에서 말하는 개인 학습 포트폴리오(PLP)라는 용어는 학습자 프로파일이 압축되어 있는 디지털 또는 전자 버전을 말한다. Baum gartner[9]는 PLP를 학습자의 학습 프로필이 담겨 있는 디지털 리프레젠테이션(digital representation)으로 명확하게 정의한다. 그는 포트폴리오 분류학(Taxonomy)에서 개인의 학문적 성취에 중요한 역할을 하는 열두 가지의 카테고리를 제안하였고, PLP는 학습자 학업 프로파일의 세 가지 측면을 반드시 묘사해야 한다고 하였다.

첫 번째, 모든 PLP는 학습자가 다양한 강좌, 주제, 콘텐츠, 평가와 커리큘럼을 통해 만들어진 실제 학습경험에 대한 적당한 성찰을 제공해야 한다. 이 내용들은 학습자 또는 교육기관으로부터 저장이 가능하다. 학습자를 보여줄 수 있는 학습 과정이나 최종 성과물 또는 학업성취가 될 수 있다. 두 번째 PLP는 학습자들이 경험한 모든 발달의 과정들을 명확하게 보여주어야 한다. 이러한 경험들 역시 개인적인 학습성과 혹은 기관 차원에서의 성과나 과정이 될 수 있다. 예를 들면, 직업경험, 역량, 자격 등 이력서에서 일반적으로 언급되는 것들을 말한다.

마지막으로, 세 번째 PLP는 학습자의 다양한 학문적 잠재력과 교육적 적성 및 역량을 보여줌으로써 학습자의 최상의 역량 수준을 최적의 방식으로 표현해야 한다. 개인 학습 포트폴리오는 연령, 배경, 문화 및 국적이 다른 다양한 학습자를 수용하고 포함해야 하기 때문에 다양한 형태와 포괄적인 접근이 가능해야 한다. 또한 PLP는 다양한 학습단계들을 포함하여 독특하고 혼합된 정보를 가지고 있는 거대한 조합이기 때문에 각기 다른 환경과 상황에서 동일하게 작동되어야 한다.

PLP는 학습자 유형별로 가능한 모든 시나리오를 수용할 수 있는 이론적 뒷받침이 가능한 구성으로 이루어져야 한다. 개인 학습 포트폴리오는 적절한 리소스에 대한 액세스가 쉽고 훨씬 더 효율적이기 때문에 온라인 환경에서 유리하게 사용될 수 있다. 이는 학습자들이 자신의 교육적 요구를 반영시킬 수 있는 학습자 중심의 철학을 실현함으로써 학습자 스스로 자신의 문제를 해결하는 데에 보다 더 효과적일 수 있다.

위에서 언급한 PLP의 세 가지 측면을 심층적으로 살펴보면, PLP는 학습자 개개인에게 적합한 평가방법과 교육 콘텐츠를 소비할 수 있는 대안적인 방법들을 통합하고 지원하는 것이 가능하다. PLP는 평생학습자들이 다양한 교수자와 교육기관에서 학습하고, 전 세계의 각기 다른 교육 시스템에서 학습이 가능하도록 시스템의 안전성을 제공한다. 전문성을 개발하는 사람들에게는 그들의 개인적인 관심이나 스킬의 차이가 더욱 더 세분화되고 세밀하기 때문에 보다 더 개인화된 관심이 필요하다. [그림 5.1]에 묘사된 학습 환경에서 PLP는 두 번째 요소이며 학습자를 정의하고 분류하는 학습자 개별의 특성을 공유한다는 점에서 PLN과 교집합 관계에 있다. 학계[10]에서는 일반적으로 학습 포트폴리오를 학생의 수행 성과와 학업성취를 수년에 걸쳐 정확하게 작성한 학생의 학업 기록물이라고 정의한다. Lorenzo와 Ittelson[11]은 이러한 정의가 PLP 기능의 6개 카테고리 중 단지 하나일 뿐이라고 말한다. 왜냐하면 PLP는 학습자의 맞춤형 요구를 만족시키는 특정 교육 내용을 식별하기 위해 사용되기 때문이다. 다른 학자들[12]은 PLP가 자기 결정 학습이론의 맥락에서 학습자가 스스로 자신의 학업성취를 성찰하는 실용적인 툴로써 자기주도적 학습을 장려한다고 말한다.

이는 온라인 학습자들이 갖고 있는 수많은 동기 문제를 완화하며, 몇몇의 학자들[14, 15]은 오히려 학습 네트워크 내에서 학습동기를 강화시킬 수 있는 수단으로 포트폴리오의 특성을 이야기한다. 정확히 이 지점에서 학습 네트워크 안에서 포트폴리오를 활용하여 학습자가 다른 학습자에게 공유하고 협업할 수 있기 때문에 PLP와 PLN은 교집합이 존재한다고 말할 수 있다[12]. 이것은 개별 학습 프로세스의 고도화, 효과적인 e-러닝, 그리고 인지 향상에 기여한다[16]. PLP와 PLN의 교집합은 학습자 모델이 PLP의 진화를 통해 구체화되고 전체 학습 환경을 적응시키고 맞춤화하는 데 최적으로 적용된다는 것이 이 연구[17]에서도 입증되었다. 이 학자들은 개별 학습자들의 학습흥미, 학습 스타일 및 학습목표를 맞추는 미래의 교육방향과 일맥상통하는 PLP의 가치를 재차 강조한다.

이전 장에서 개인 학습 포트폴리오가 생성되는 방식에 대해 논의하였고, 학습자의 단순한 이력 축적과 평가결과만을 포함하지 않았다. 여기서 논의되는 포트폴리오는 훨씬 더 본질적으로 복잡하고 다양한 학습자의 흥미와 요구를 포착하여 보여주는 학습 프로파일링을 포함한다. 수년간 컴퓨터 과학자는 4.2절에 언급된 바와 같이 학습자 프로파일을 생성하고 맞춤형 학습 프로세스에 활용되는 효과적인 사용자 프로파일링 기법을 많이 개발해 왔다. 이러한 학습자 프로파일은 관찰하기 어려운 특성 정보를 포괄적으로 포함하도록 의도되었다. 이러한 기법은 사용자의 간단한 브라우징 트렌드 내에서조차 널리 적용되어[18] 브라우징 환경을 맞춤화하고 앞에서 언급한 정보 과부하를 줄이기 위해 사용되어 왔다. 마찬가지로 Vargas-Vera와 Lytras[20]는 e-러닝 환경 자체에서 각 학습자의 학습 경향을 포착하고 학습 과정을 향상시키기 위해 학습자의 경험을 맞춤화하였다. Dagger와 연구진[21]은 이미 이전에 학습 환경의 맞춤화와 PLP의 사용을 통해 개인화된 학습을 보여주었다. Manouselis와 Sampson[22]의 연구에서는 PLP가 PLN의한 부분으로 간주되었고 이로 인해 안타깝게도 온라인 교육에서 PLP가 복잡한 학습자의 문제를 다루는 독립된 영역으로 다루어지지 않고 e-러닝 애플리케이션 소프트웨어를 향상시키는 것에 집중하게 되었다. 이후 설명될 PLE의 범주 안에서 PLP는 PLN과 겹치는 부분이 존재하더라도 하위 요인이나 사후검토로 간주되어서는 안 되며 별도의 영역으로 연구 및 개발 되어야 한다.

5.3

개인 학습 환경(PLE)

개인 학습 환경(Personal Learning Environment, PLE)은 PLN과 PLP 이 두 개념을 포함하는 것뿐만 아니라 개인화된 교육의 본질을 포함한다. 개인 네트워크와 포트폴리오의 결합은 개인의 흥미, 요구 및 교육 요건을 고려하여 친근하고 개별적인 학업 분위기를 조성하기 때문에 건강하고 알찬 학습 환경을 구축하는 데 도움이 된다. PLE를 적용하는 개념은 다양한 분야에서 수많은 연구자들에 의해 연구되었다. PLE는 일반적인 학습 과정뿐만 아니라 다양한 보급형 기술 및 소셜 네트워크로 인해 새로운 학습양식을 장려할 수 있게 되면서 개념이 정립되었다[24].

Charlier와 연구진[25]은 더 엄격하고 리소스가 결합된 가상 학습 환경(Virtual Learning Environment, VLE)과 구분하여 정의하고자 하였다. 이 연구진은 교수자의 선호도와 교육기관의 정책 및 기타 한계들로 인해 선택되는 교육자료의 형태 및 순서와 다르게 PLE는 활용과 적용 면에서 학습자 중심인 것을 특히 강조하였다.

5.3.1 PLE의 범주

PLE 연구 영역은 교육 연구자와 e-러닝 기업이 학습경험을 향상시키기 위한 효과적인 환경을 설계하고 개발하기 위해 노력하면서 비록 초기 단계임에도 불구하고 WWW와 함께 번영하였다. 수많은 연구 프로젝트와 기술 개발의 결과, 학습이론과 각각의 인식론적 추론을 반영하여 다양한 PLE 모델이 등장했다. 어느 시점에는 PLE 모델을 보다 구분하기 위해 세 가지 범주인 기본 아키텍처(base architecture), 기본 플랫폼(underlying platform) 및 교육적 접근 방식(pedagogical approach)으로 명시하였다[26].

첫 번째 범주는 클라이언트-서버 아키텍처가 PLE를 위해 채택되었는지, 또는 웹 기반 인프라가 구축되었는지를 구분한다. PLE의 기본 아키텍처는 결국 사용, 업그레이드 및 궁극적인 성공에 영향을 미칠 수 있는 수많은 다른 요인들을 결정할 것이다. 클라이언트-서버를 사용하려면 서버와 통신하여 서비스를 받고 모든 리소스에 액세스하는 클라이언트 측 설치가 필요하다. 반면 웹 기반 대안(web-based alternative)은 웹 브라우저를 사용하므로, 통신 측면이 브라우저 자체에 의해 분류되기 때문에 클라이언트에게 부담이 덜 된다. PLE 자체에 대한 업그레이드나 새로운 기능은 웹 기반 버전에 영향을 미치지 않는 반면 클라이언트-서버 대체 기능은 클라이언트 측에서 새로운 다운로드가 필요하다. 또한 웹 기반 PLE는 매일 사용할 수 있는 추가 웹 서비스와 리소스를 쉽게 채택할 수 있다. 이러한 측면에서 Peter와 연구진[27]은 PLE가 특정 학습목표를 지원하기 위해 구축된 Web 2.0 서비스의 임시적인 집합이지 않을까라고 언급했다. ELGG[28]는 소셜 네트워킹 엔진을 포함하는 오픈 소스 플랫폼을 제공하기 위해 최소 단위의 온라인 서비스(atomic online services)를 사용하는 좋은 예이다. 사회적 인식 애플리케이션(Socially-aware applications)은 학습자가 소셜 미디어와 온라인 자원을 가지고 개인화된 환경을 만들기 위해 직접 선택되었다. 또 다른 예로 개인화된 학습 환경 PLEX는 유용한 구성요소들을 통합하여 환경을 개인화한 사용자에 의해 제공되는 플러그인을 광범위하게 사용하였다.

학습 환경을 지원하는 기본 플랫폼은 다음 절에서 PLE를 분류하는 두 번째 구별 요인이다. 많은 대학들의 일반적인 상황은 학습자의 요구를 반영할 수 있는 개인화의 필수적인 기능과 사양을 현재 학습 플랫폼에 추가하는 형태로 운영된다. University of Southampton에서 PLE의 구현과 관련된 학습자의 선호도를 조사한 연구[30]에서 소셜 미디어, 통신 및 공유 기능 등 보조적인 구성요소를 추가하여 서비스를 제공하는 형태로 현재의 VLE를 확장하는 것이 최선이라는 결론을 내렸다.

PLE의 세 번째 요인은 교육적 접근 방식이다. PLE에서 교육적 접근 방식은 학습자 중심(student-centered), 기관맞춤(institutionalised), 개인맞춤(personalised) 세 가지로 구분할 수 있으며 다음 절에서 좀 더 자세하게 설명하겠다.

5.3.2 PLE의 교육적 접근

페다고지는 가르침의 예술 또는 과학이기 때문에 채택된 교수전략을 혼합하고, PLE의 설계자와 개발자가 세팅하고 배치하는 데에 중요한 역할을 한다. 교실과 e-러닝 환경에서 적용되는 수많은 교육학적 접근법이 존재하지만, PLE 환경에서 모두 적용되거나 호환되는 것은 아니다. 수많은 PLE가 채택하는 가장 자유로운 접근법 중 하나는 학습자가 전체 활동을 제어하는 학습자 중심의 접근법이다. 이 접근 방식은 학습자에게 모든 학습활동의 시작, 통제, 선택, 스케줄링을 맡기기 때문에 유용한 학습경험을 제공하는 자기조절 PLE를 위해서는 좋은 지식, 자기 통제, 규율 및 동기가 필요하다. 학습자는 자신이 적합하다고 생각하고, 자신의 관심사, 니즈 및 최적의 학습 방식과 호환되는 특정 자원, 서비스 및 도구를 선택하고 통합함으로써 개인 환경을 구현할 수 있다. 많은 연구자[31]는 학습자가 자유롭고 자신에게 맞는 교육도구, 서비스 및 자원을 스스로 선택하고 활용하며, 결과적으로 훨씬 더 학습자에게 적합하고 효과적인 PLE를 얻을 수 있는 개방적인 접근방식에 찬성한다. 또한 Ebner와 Taraghi[32]는 이 접근법을 지지하고

Graz의 기술 대학의 학습자들이 그들이 선택한 교육적 요소로 PLE를 자유자재로 적응시켰을 때 더 나은 성과를 냈다고 보고했다. 이러한 교육 모듈은 학습자가 자신의 취향과 교육적 요구에 적합한 웹 위젯을 선택하고 사용할 수 있는 유연한 환경을 조성할 수 있게 한다. 검색 포털, 소셜 네트워크 및 멀티미디어와 관련된 도구는 자기주도학습 환경을 구축하는 데 필요한 자원을 제공한다.

교수자가 기여하고 세팅에 참여할 수 있는 상황에 있는 경우는 PLE 설정에서 두 번째 PLE 접근 방식인 기관맞춤 PLE에 해당된다. 이 접근방식의 PLE는 학습자의 고립과 완전 통제를 넘어서서 교수자와 기관 자체의 전반적인 관리를 예상할 수 있다. Garcia-Penalvo와 연구진[33]은 이 접근 방식을 제도화된 PLE라고 하며 다른 연구자[30, 34, 35]들은 이 접근법이 학습자들이 방치되지 않고 교수자가 그들이 합의한 교육 요구와 관심사에 적합한 학습 환경을 적응하고 맞춤으로 만들 수 있도록 도와줄 수 있기 때문에 학업적으로 더 안전하다고 주장한다. 일부 연구자들은 교육기관이 학습자에게 안내하고 코치한 서비스, 도구 및 자원이 있는 플랫폼을 제공하고 학습자가 이를 통합하여 활용할 수 있도록 하는 반 구조적 접근 방식을 학습자와 교수자 사이의 완벽한 균형으로 간주한다. 이 학습자-교수자 접근방식을 기반으로 하는 PLE의 제안된 프레임워크[37]의 목표는 다음과 같다. PLE 생성의 변혁적 주기 내에서 교수자를 촉구하고 설득할 뿐만 아니라 학습자가 자기조절학습이 가능하도록 동기를 부여하는 것이다. 이를 위해서는 제도적 학습 환경이 개방되고 보조 교육 서비스 및 자원과 호환되어 효율적이고 기능적으로 통합해야 가능하다. 그래서 일부 연구자[38]들은 자유롭게 사용할 수 있는 자원이 구체적으로 얼마나 있는지, 기관 학습 환경과 VLE에 얼마나 접근성이 높은지, 교육자원에 얼마나 쉽게 접근할 수 있는지가 중요하다고 말한다. 이는 친숙하고 다양한 도구와 서비스를 추가하여 학습자의 학습 요구를 생산적으로 지원하는 방식으로 운영될 경우 학습 환경을 보다 유용하고 바람직하게 만들 수 있다. 이전 접근 방식은 학습자와 교수자 모두가 기능적으로나 교육적으로나 제한되는 일종의 샌드박스를 제공했기 때문에 제한된 범위 내에서 개인화 또는 환경을 조정할 수 있었다.

세 번째이자 마지막 접근 방식인 개별맞춤 접근방식은 이전 접근 방식과 비교했을 때 학습자와 교수자 모두에게 PLE를 완전히 관리할 수 있는 자유를 준다는 점에서 구분지을 수 있다. 이 경우 추가적인 사용자 지정 기능은 사용 가능한 리소스의 단순한 통합을 넘어 학습자 및 교수자가 모든 온라인 리소스, 서비스 또는 정보 소스를 제한 없이 채택할 수 있는 경우다. 이 접근 방식을 지지하는 연구자[39]는 PLE를 학습자 개인 환경으로 간주하며 이는 학습자의 교육 선택 및 결정에 따라 자체 관리되는 독자적인 교육 방향이다.

5.3.3 지능형 PLE

기존 세 가지 교육적 접근 방식을 넘어서서 본 저자가 제안하는 PLE 접근 방식은 단순히 학습자의 요구와 관심사에 맞춰 맞춤화된 것이 아니라, 개인화를 개념적 수준으로 끌어올리는 스마트하고 지능적인 방식이다. 이는 학습자에게 자료추천, 공통 관심 학습자 및 적응 경로 개인학습과 같은 개인화된 교육적 지원을 의미한다. Al-Zoube[26]가 예측한 바와 같이, 미래의 PLE는 교수설계자의 부담을 줄이면서 교육의 품질을 향상시킬 수 있을 것인가? 수많은 PLE가 학습자와 교수자 간의 일대일 관계를 구체화하는 지능적 환경을 구현하려고 시도하지만, 그러한 PLE의 품질과 효과는 설계자가 지능을 이해하는 수준과 어떻게 구현하는가에 따라 달라진다. “Pearson 5”에서 언급된 최초의 시도에서 지능적이라고 주장되는 적응형 학습 환경은 전통적인 학습자 및 교수자 이외에 지식 전문가, 설계자 및 개발자와 같은 추가적인 기여 행위자를 참여시킴으로써 학습자 개인의 요구, 학업적 요구사항 및 주제별 관심사에 따라 학습자가 인터페이스와 콘텐츠를 정의할 수 있도록 지원한다. 이러한 PLE는 이전 절에서 언급한 세 번째 접근법에 속하며, 다시 한번 지능형 PLE가 무엇인지에 대한 문제를 제기한다.

지능형 PLE는 일반적으로 사람이 수행해야 하는 서비스와 기능을 인공지능 기술이 대신 하는 것을 의미한다. 이 경우 PLE 내의 지능형 구성요소는 교수자의 중요한 이전 작업을 가능한 한 많이 시뮬레이션하고, 모방 및 복제해야 한다. 교수자가 제공하는 것뿐만 아니라 학습자가 PLE와 상호작용하면서 활동 데이터 및 학업 결과를 생성할 때 기본 지능형 PLE는 학습자의 진화하는 학습 프로파일에 더욱 적합하도록 학습 환경을 조정하고 정교하게 만들 것으로 예상된다. 이를 위해 연구팀[41]은 지능형 PLE를 만들고 포털 기술을 사용하여 학습경험을 개인화하려고 시도했다. 포털은 리소스, 도구 및 서비스를 포함하여 태스크를 수행하는 데 필요한 모든 것을 사용자에게 제공하는 포괄적인 웹 기반 환경이다. 지능형 구성요소는 학습자가 명시적으로 제공한 정보를 기반으로 학습 콘텐츠를 개인화하고 의미 있는 맞춤 학습 자료를 제시한다. 주목할 점은 이 PLE의 학습자들이 유사한 관심사에 따라 클러스터되었으며 PLE와 학습자 간의 상호작용에서 내재적 정보를 추출하지 않았다는 점이다.

한편, 표준 LMS(Learning Management System)에 계획하고 실행하는 인공지능을 통합하여 구축하려는 시도[42]가 있었다. 이러한 방식으로 PLE는 학습내용과 과제를 개인화하여 계획대로 해당되는 학습자 그룹에게 학문적 경로를 제공한다. 실행 구성요소는 제안된 경로의 성능을 추적하고 경로를 조정하여 다음 실행 시 성능을 최적화한다. 저자들은 그들의 접근법이 학습 과정과 학습 경로의 성능과 품질의 안정성을 극대화하는 데 매우 가치 있다고 보고한다. 더 야심찬 시도[43]는 기본 AI 기술을 사용하여 학습 환경을 개인화하고 훨씬 더 효과적인 경험을 제공하는 지능형 PLE를 구현한 사례이다. 지능형 PLE가 자동으로 학습자 상호작용에서 정보를 추출한 후 콘텐츠를 관리하고, 개인화된 피드백과 자체 평가를 제공하였다. 이 연구에서는 PLE가 학습자들의 학업 능력을 확장하고 인지 활동을 증가시켰다고 보고하였다. 그리고 가장 최근에 Aeiad와 Meziane[44]는 웹 자원을 추출하고 맞춤형 학습 환경을 제공하기 위해 학습자의 학습이력과 필수사항을 처리하는 PLE

를 제시하였다. 그들은 이러한 접근법, 기능 및 아키텍처가 기존 온라인 학습 시스템의 개선이라고 결론짓는다. 연구자들은 향후 버전에서는 PLE 개인화를 위해 성과뿐만 아니라 개별 학생을 구분 짓는 세부사항을 탑재할 것이라고 말한다.

5.4

결론

본 장에서 PLE를 두 주요 요소인 PLN과 PLP와 함께 상세하게 분석하였다. 다음 장에서 논의할 지능적 PLE에 대한 통찰력을 드러내면서 수많은 PLE의 다양한 범주와 교육학적 접근법이 제시되었다. 지능형 PLE를 포함하여 논의된 다양한 PLE는 주로 기관의 VLE 또는 LMS에 의해 지원되며, 이에 따라 필요한 교육학적 효과를 달성하기 위해 기능이 추가되고 통합되었다. 다음 장에서는 이전 시도를 기반으로 독립적인 지능형 PLE에 대한 세부 정보를 소개하고 설명할 것이다. 지능형 PLE는 진화 가능하며 최신 PLP와 역동적이고 능동적인 PLN을 중심으로 완벽히 학습자 중심적이다. 최종 지능형 PLE는 향후 PLE 생성 시 개인화 프로세스가 학습자와 역동적으로 접촉하고 동일한 학습자의 요구와 학업 요건을 특성화하기 위한 피드백 사이클이 필요하다고 제안했다. 지금까지 지능형 PLE, AI 기반 e-러닝 시스템에 필요한 요소들과 중요한 구성요소들을 모두 설명하였다.

참고문헌

1. Morrison, D.: How to Create a Personal Learning Portfolio: Students and Pr ofessionals (2013). https://onlinelearninginsights.wordpress.com/2013/01/30/why-studentsneed-personal-learning-portfolios-more-than-we-do/. Cited 10 March 2015
2. Wheeler, S.: Anatomy of a PLE (2010). http://www.steve-wheeler.co.uk/2010/07/anatomyof-ple.html. Cited 12 November 2014
3. Leone, S.: Characterisation of a Personal Learning Environment as a Lifelong Learning Tool. Springer, Ancona (2013)
4. Siemens, G.: Connectivism: A Learning Theory for the Digital Age. (2004). http://www.elearnspace.org/Articles/connectivism.htm . Cited 21 April 2014
5. Downes, S.: Places to go: Connectivism and connective knowledge. Innovate. J. Online Educ. 5(1) (2008)
6. O'Reilly, T.: What Is Web 2.0 Design Patterns and Business Models for the Next Generation of Software. (2005). http://www.oreilly.com/pub/a/web2/a rchive/what-is-web-20.html. Cited 12 Feb 2013
7. Sclater, N.: Web 2.0, Personal Learning Environments, and the future of Learning Management Systems. Colorado: Educause: Center for Applied Research. (2008)
8. Gurzick, D., White, K.: Online personal networks of knowledgeworkers in computer-supported collaborative learning. In: Goggins, S. P., Jahnke, I., Wulf, V. (eds.) Computer-Supported Collaborative Learning at the Workplace, pp. 225-239. Springer, New York (2013)
9. Baumgartner, P.: Eine Taxonomie fr E-Portfolios, Thesis. Department of Interactive Media and Educational Technologies, Danube University Krems (2012)
10. Gooren-Sieber, S., Henrich, A.: Systems for personalised learning: personal learning environment vs. E-Portfolio?. In: Cheung, S., Fong, J., Kwok, L., Li, K., Kwan, R. (eds.) Hybrid Learning, pp. 294-305. Springer, Germany (2012)
11. Lorenzo, G., Ittelson, J.: An Overview of E-Portfolios. Educase Learning Initiative, Educase (2005)
12. Daunert, A., Price, L.: E-Portfolio: A practical tool for self-directed, reflective, and collaborative professional learning. In: Harteis, C. e. (ed.) Discourses on Professional Learning: On the Boundary Between Learning and Working, pp. 231-251. Dordrecht, Springer Science+Business Media (2014)
13. Noesgaard, S., Ørngreen, R.: The effectiveness of e-learning: an explorative and integrative review of the definitions, methodologies and factors that promote e-learning effectiveness. Electron. J. e-Learning 13(4), 278-290 (2015)
14. Attwell, G.: E-Portfolios the DNA of the personal learning environment? J. e-Learning Knowl. Soc. 3(2), 39-61 (2007)
15. D'Alessandro, M.: Connecting your radiology learning to your clinical practice: using personal learning environments, learning portfolios and

communities of practice. Pediatr Radiol 41, 245-246 (2011)
16. Yongqiang, H., Jinwu, Y.: Study on the evaluation system of E-Learning based on E-Learning portfolio. ICCIC 2011, pp. 420-426. Springer, Heidelberg (2011)
17. Guo, Z., Greer, J.: Electronic portfolios as a means for initializing learner models for adaptive tutorials. EC-TEL 2006, pp. 482-487. Springer, Heidelberg (2006)
18. Gauch, S., Speretta, M., Chandramouli, A., Micarelli, A.: User profiles for personalized information access. In: Brusilovsky, P., Kobsa, A., Nejdl, W. (Eds.), The Adaptive Web, pp. 54-89. Springer, Heidelberg (2007)
19. Brusilovsky, P., Milln, E.: User Models for Adaptive Hypermedia and Adaptive Educational Systems. In:Brusilovsky, P.,Kobsa, A.,Nejdl,W. (Eds.), The Adaptive Web, pp. 3-53. Springer, Heidelberg (2007)
20. Vargas-Vera, M., Lytras, M.: Exploiting semantic web and ontologies for personalised learning services: towards semantic web-enabled learning portals for real learning experiences. Int. J. Knowl. Learn. 4(1), 1-17 (2008)
21. Dagger, D., Wade, V., Conlan, O. T.: Anytime, anywhere learning: The role and realization of dynamic terminal personalization in adaptive learning, Ed-Media 2003: World Conference on Educational Multimedia, Hypermedia and Telecommunications. (2003)
22. Manouselis, N., Sampson, D.: Dynamic knowledge route selection for personalised learning environments using multiple criteria. Intelligence and Technology in Education Applications Workshop-ITEA2002. Innsbruck (2002)
23. Van Harmelen, M.: Personal learning environments. Sixth IEEE International Conference on Advanced Learning Technologies, pp. 815-816. Washington: IEEE Computer Society (2006)
24. Attwell, G.: Personal learning environments-the future of elearning? e-Learning Papers 2(1) (2007)
25. Charlier, B., Henri, F., Peraya, D., Gillet, D.: From Personal Environment to Personal Learning Environment, 5th European Conference on Technology Enhanced Learning (EC-TEL 2010). Barcelona (2010)
26. Al-Zoube, M.: E-Learning on the cloud. Int. Arab J. e-Technology. 1(2), 58-64 (2009)
27. Peter, Y., Leroy, S., Leprtre, E.: First steps in the integration of institutional and personal learning environments, EC-TEL (2010)
28. Elgg Foundation: ELGG (2004). https://elgg.org/ Cited 21 Feb 2017
29. Beauvoir, P.: PLEX, Personal Learning Environment (PLE) theme, JISC-CETIS Conference (2005)
30. White, S., Davis, H.: Making it rich and personal: crafting an institutional personal learning environment. Int. J. Virtual Pers. Learn. Environ. 2(3), 1-18 (2011)
31. Conde, M. A., Garcia-Penalvo, F. J.; Alier, M.: Interoperability scenarios to measure informal learning carried out in PLEs. In: Xhafa, F., Barolli, L., Kppen, M., Proceedings of Third IEEE International Conference on Intelligent Networking and Collaborative Systems, pp. 801-806. IEEE Computer Society. Los Alamitos (2011)

32. Ebner, M., Taraghi, B.: Personal learning environment for higher education-A first prorotype, World Conference on Educational Multimedia, Hypermedia and Telecommunications, pp. 1158-1166. AACE. Chesapeake. USA (2010)
33. Garcia-Penalvo, F.J., Conde, M.A., Alier, M., Casany, M.J.: Opening learning management systems to personal learning environments. J. Univers. Comput. Sci. 17(9), 1222-1240 (2011)
34. Millard, D. E., Davis, H. C., Howard, Y., McSweeney, P., Yorke, C., Solheim, H.: Towards an institutional PLE. PLE Conference (2011)
35. Moccozet, L., Benkacem, O., Platteaux, H., Gillet, D.: An institutional personal learning environment enabler. In: Aedo, I., Bottino, R., Chen, N., Giovannella, C., Sampson, D., Kinshuk.In: Proceedings of the 2012 12th IEEE International Conference on Advanced Learning Technologies, pp. 51-52. Rome: IEEE Computer Society (2012)
36. Casquero, O., Portillo, J., Ovelar, R., Benito, M., Romo, J.: iPLE network: An integrated elearning 2.0 architecture from a universitys perspective. Interact. Learn. Environ. 18(3), 293-308 (2010)
37. Dabbagh, N., Kitsantas, A.: Personal learning environments, social media, and self-regulated learning. Internet High. Education 15, 3-8 (2012)
38. Fiedler, S.H.D., Vljataga, T.: Personal learning environments: a conceptual landscape revisited, eLearning papers n. 35 (2013)
39. Valtonen, T., Hacklin, S., Dillon, P., Vesisenaho, M., Kukkonen, J., Hietanen, A.: Perspectives on personal learning environments held by vocational students. Comput. Education. 58, 732-739 (2012)
40. Pearson, E., Gkatzidou, V., Green, S.: A proposal for an adaptable personal learning environment to support learners needs and preferences, ascilite Auckland 2009, pp. 749-757. Australia (2009)
41. Cui, X., Zhang, S.: The Personalized E-Learning System Based on Portal Technology in Zhiguo, CCIS, pp. 433-439. Springer, Heidelberg (2011)
42. Morales, L., Garrido, A., Serina, I.: Planning and execution in a personlaised e-learning setting, Lecture Notes in AI, pp. 233-242. Springer, Berlin (2011)
43. Xu, D., Huang, W. W., Wang, H., Heales, J.: Enhancing e-learning effectiveness using an intelligent agent-supported personalised virtual learning environment: An empirical study, Information and Management. pp. 430-440 (2014)
44. Aeiad, E., Meziane, F.: An adaptable and personalised e-learning system based on free web resources in Biemann, NLDB 2015, LNCS 9103, pp. 293-299. Springer, Switzerland (2015)

Chapter
06

맞춤형 e-러닝 제안 모델

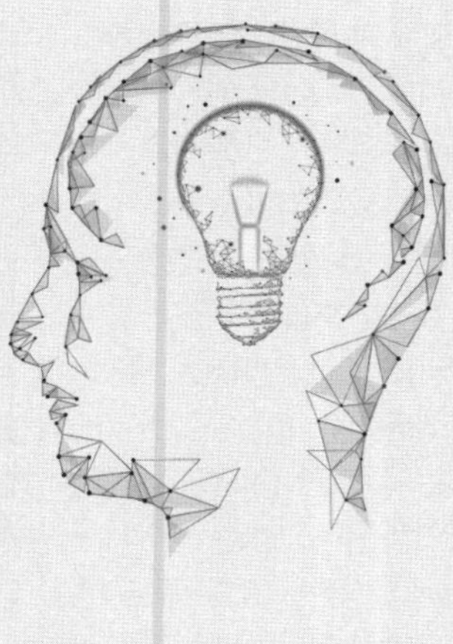

미래의 온라인 교육
AI 기반 e-러닝과 개인화 학습

초록

이 장은 맞춤형 교육을 위한 AI 기반 e-러닝이라는 하이라이트에 도달하기 위해 앞에 소개되었던 모든 장의 내용을 하나로 종합하는 장이라 할 수 있다. 이 장에서 제안된 모델은 이전 장에서 논의된 모든 기술들을 조화롭게 결합하여 지능적인 개인 학습 환경을 만들기 위한 노력이었다. 전자 학습의 진화는 기술에 의해 주도되었지만 이 모델은 특정 전자 학습 문제를 직접 해결하기 위해 수많은 기술과 테크닉을 편리하게 사용할 것을 제안한다. 미래 온라인 교육은 기술이 아니라 AI가 제공하는 효율적인 자동화와 함께 학습을 개인화해야 한다는 학계의 요구에 의해 시작되었다. 첫 번째 e-러닝 문제는 고립의 문제이며 3장에서는 크라우드소싱의 독창성과 소셜 네트워크의 대중성으로 이 문제에 대한 해결책을 제안하였다. 연결주의 학습이론은 이 현상과 관련이 있고 이 모델은 이 첫 번째 요인을 잘 이용한다. 두 번째, 동기 부여는 e-러닝에서 해결되어야 할 또 다른 문제인데, 4장에 제시된 학습자 프로파일링 및 학습 포트폴리오로 학습자들이 학업 노력에 있어 훨씬 더 자기결정적이 되도록 지원할 수 있게 되었다. 마지막 문제는 e-러닝의 악명 높은 비개별화 문제를 다루고 있으며, 5장은 학습 포트폴리오와 지원 학습 네트워크의 조합을 통해 적응형 환경 제공에 대한 내용으로 이 문제에 대한 해결책을 제시하였다. AI가 적용된 지능형 개인 학습 환경은 온라인 교육을 미래 온라인 교육으로 이끌면서 e-러닝 효과를 향상시키기 위해 이러한 모든 기술의 호환 가능한 조합으로 제안되었다. 본 장에서는 제안된 모델을 이끌어낸 기본 근거를 더욱 확장하여 제시한다. 또한 이러한 기술이 온라인 시스템 내에서 결합하여 기능적이고 지능적인 PLE를 제공하는 방법에 대한 아키텍처 설정이 뒤따르게 되는데 다음 절에서는 앞에서 설명한 아키텍처 설계를 수행하고 완료하기 위해 발생하는 모든 세부사항을 다룬다. 마지막으로 온라인 PLE 기능이 어떻게 적용되는지에 대한 운영적이고 실용적인 세부사항은 AI 기반 e-러닝 시스템이 실제로 어떻게 작동하는지 보여주기 위해 논의된다.

6.1

배경 근거

제안된 모델은 AI 기술을 사용한 차세대 e-러닝 플랫폼이 기능적 개인 학습 환경에서 개인화, 학습자 프로파일링 및 소셜 네트워크가 결합됨에 따라 훨씬 더 효과적이라는 가설을 근거로 한다. 이러한 테크닉은 학습이론을 기초로 하여 학습 성공과 성취를 저해하고 있는 온라인 학습의 한계와 우려를 해결하기 위한 노력이다. 이 모델은 여러 조합을 고려하여 많은 기술을 채택하는 다면적인 특성을 가지고 있기 때문에 특히 복잡하다. 확립된 방법은 2장에서 논의한 바와 같이 현재의 온라인 학습에 대한 bottom-up 분석에서 비롯되었으며, 그 결과, 타당한 정당성을 확보하였고, 이러한 문제를 해결하여 가치를 높이고 온라인 교육을 향상시키겠다는 확신을 더욱 높일 수 있었다. 앞 장에서 논의한 바와 같이 다양한 구성요소를 포함한 학습 환경은 온라인 교육의 잠재력을 저해하는 e-러닝 문제를 해결할 수 있는 긍정적인 개인 학습 생태계를 조성할 수 있다. 각 학습이론에 의해 지원되는 해당 문제와 지능형 기술에 대한 해결책을 제시함으로써 다음 세 개의 하위 절은 대안적인 관점에서 PLE와 그 하위 구성요소를 제시한다. 그리고 맞춤형 e-러닝 모델의 기반인 이러한 요소의 조합과 학습자 개인이 교수자에게 높은 수준의 정교함을 기대하는 것이 가능한 AI 기술의 응용에 초점을 맞춘다. 이미 잘 알려진 e-러닝의 문제가 이 제안된 모델을 통해 해결되며 실제로 이 모델을 검증하여 좋은 학습 환경을 만들 수 있는 해결책을 제시함으로써 이 모델을 보다 가치 있고 달성 가능하게 하였다.

6.1.1 사회적 측면 통합

이 솔루션의 첫 번째 요소는 5.1절에서 논의된 학습 네트워크가 완벽하게 통합된 사회적 측면이다. 앞에서 강조했듯이, Leon[1]은 대안적 관점을 제시하면서 여러 출처의 다양한 정보를 제공하는 학습자 지원 시스템의 긍정적인 영향을 강조하였다. 이 첫 번째 구성요소인 사회적 측면 통합과 관련된 해결책으로서 세 가지 상호 연관 개념은 고립감 감소, 소셜 미디어 및 크라우드소싱 기술 사용, 연결주의 학습 이론이다. e-러닝 환경 내에서 사회적 측면을 도입하는 것은 물리적 교실 내의 공동체 분위기에 가장 근접한 것이다. e-러닝의 고립감 문제[2-4]는 학습자, 동료 학습자 및 웹 사용자와의 협력적인 관계가 발전되면서 개선되었다. PLN은 학습자 개개인이 학문적 네트워크를 시작, 구축 및 발전시키는 과정에서 자존감을 형성하게 할 뿐만 아니라 새로운 정보, 아이디어 및 지식을 공유하고 협력하고 소싱하는 능력과 성취감을 가질 수 있도록 한다. 그렇게 하기 위한 헌신은 단순한 업무나 네트워크 학습자의 일원이 되고자 하는 일회성 충동이 아니라, 내재된 사고방식과 의식적인 생활방식이다. 이는 공동체적 소속감을 증진시키고 고립감을 없앤다. WWW에서 모든 기여자, 도메인 전문가 및 교수자와 함께 발견된 방대한 지식 저장소는 모든 학습자에게 제어, 협력 및 협업에 대한 강렬하고 압도적인 의지를 자연스럽게 불러일으킨다. 모든 학습자는 PLN을 개발 및 강화할 때 각각의 개인적인 이유, 속도 그리고 동료들로 인해 고유한 접근 방식을 채택한다. 이러한 방식으로 협력적이고 협동적인 온라인 환경에서 생각이 비슷한 학습자들끼리 서로 콘텐츠를 수집, 배포, 큐레이션 및 생성함에 따라 긍정적인 교육 생태계가 강화된다. 네트워킹 기술 및 정보 수집 능력은 자신의 PLN을 구축하는 학습자들로부터 얻는 것만큼 혹은 더 많이 다른 학습자에게 기여하기 위해 필요하므로 PLN을 시작하고 큐레이팅하기 위해서는 적절한 소프트웨어 도구가 필요하다. 학습자가 e-러닝 환경 내에서 고립되고 혼자라는 느낌을 받는 상황을 줄이기 위한 노력으로 이 모델이 지향하는 목표는 공동체 의식과 그룹 분위기이다.

또한 Web 2.0은 학습자가 생성하는 콘텐츠, 활동 및 이니셔티브가 장려됨에 따라 이 환경 시스템의 확산을 촉진하는 수많은 네트워킹 도구들[5, 6]이 출현하는 것에 기여하였다. 일반 대중이 제공하는 온라인 소스의 사용 및 참여는 3장에서 언급한 바와 같이 크라우드소싱이라고 하며, 고등교육에서 다양한 학습자와 학습 요구를 가진 모두에게 개방되어 있는 방대한 지식 저장소에서 온라인 콘텐츠를 찾고 활용 가능하게 하였다. 또한 크라우드소싱을 활용하여 e-러닝 시스템의 가치를 더하고 효율성을 높이기 위해 학술 콘텐츠, 튜터, 블로그, 도메인 전문가 및 소셜 네트워크를 포함하는 온라인 자원을 잘 활용하는 많은 연구 프로젝트가 진행되었다.

Costa와 연구진은[7] 크라우드소싱에 있는 콘텐츠를 기반으로 진행되었던 프로젝트에서 능동적 학습이 더 활발히 일어났다고 보고하였다. 학습자의 특정한 요구에 맞춰 자료를 조정하기 위해 인간의 개입이나 지능을 필요로 하는 콘텐츠와 전통적이고 표준적인 학습 환경에 적합한 콘텐츠 사이의 차이를 비교한 결과, 학습 내용이 학습자의 특수한 요구에 따라 의도적으로 조정될 때 크라우드소싱 과정이 훨씬 정확하고 효과적인 것으로 판명되었다. 여기에서 문제는 크라우드소싱 프로세스 자체가 아니라 콘텐츠의 개인화라는 것을 의미하며, 따라서 크라우드소싱 자체만으로는 충분하지 않고 모델에서 제안된 바와 같이 이를 수반하기 위해 추가 테크닉이 필요하다는 것을 의미한다. Weld와 연구진[8]도 같은 결론에 도달했고 그러한 결합은 온라인 학습의 가능성을 촉발시킬 수 있다고 거듭 강조했다. 크라우드소싱을 모델의 일부로 사용하는 또 다른 이유는 콘텐츠의 편향이 없는 특성 때문이다.

일부 연구자[9]에 의해 장려된 이러한 다양성은 콘텐츠가 조직화되지 않는다는 것을 의미하지는 않는다. 왜냐하면 개방형 교육 자원(Open Educational Resources, OER)[10] 및 Merlot[11]과 같은 구조화되고 지수화된 교육지식저장소 기반의 온라인 콘텐츠에 효율적으로 접근할 수 있는 인터페이스를 제공하기 때문이다. 다른 Web 2.0 툴[12]은 프로세스가 용이하도록 촉진하고 학습 환경에서 사용할 수 있도록 크라우드소싱되며 인덱싱된 콘텐츠에 접근 가능하도록 한다.

PLN 구성요소가 기반이 되는 세 번째 개념은 고립감의 문제를 완화한다는 주장과 크라우드소싱의 사용과 연관 있는 연결주의 학습이론을 중심으로 한다. 앞서 4장에서 언급했듯이, 이 학습이론은 디지털 시대에 온라인 학습자들이 학습 네트워크를 통해 연결된다는 점에 주목하면서 몇몇 연구자들[13-15]에 의해 지지되었다. 다른 연구자들[16]은 한 단계 더 나아가 이 이론을 학습자의 개인 생활이 어떻게 온라인 연결을 통해 얻은 정보에 의존하게 되는지 정당화하는 중요한 이론으로 언급한다. 한 학술 연구[17]는 Web 2.0 애플리케이션의 통합을 통해서 학습 프로세스를 향상시키기 위한 연결 학습이론이 어떻게 적용되었는지에 대해 보고했다. 연구자들[18]은 e-러닝의 본질이 행동주의, 인지주의 등의 학습이론에서 구성주의 및 연결주의로 변화한다고 본다. 다른 연구자[15, 19]는 이 연결주의 학습이론을 활용하여 다른 네트워크를 통한 학습의 다양성을 조사하고 다른 학습이론과 연계하는 연구를 수행하였다. 이러한 방식으로 새로운 학습 모델은 연결된 지식을 어떻게 관리하고 전달할 수 있는지, 개방된 기술을 통해 학습자들을 연결하려는 시도와 동시에 학습 공간과 구조가 어떻게 변화하고 확장될 수 있는지를 조사하기 위해 고안되었다. 이러한 이유 때문에 이 모델은 고립감 측면에서 이 학습이론에만 관련된 것이 아니라 학습 환경이 복잡하고 다면적이기 때문에 다음 두 하위 절과도 관련된다. 이 주장과 관련하여 수많은 연구자들은 비동시성 학습도 역시 연결주의 학습이론 외의 것으로도 설명할 필요가 있다고 지적한다. 다른 연구자들[21]은 디지털 시대의 학습은 특별한 것이 아니며 한 가지 학습이론으로는 다양한 온라인 학습 환경에서 채택되는 방법론을 설명할 수 없다고 주장한다. 그러나 제안된 모델은 소셜 네트워크와 크라우드소싱을 광범위하게 사용하며, 연결주의 학습이론을 주요 학습이론으로 간주한다. 고립감 문제는 연결주의 학습이론과 그 밖에 다양한 학습이론 등의 논리적 근거를 바탕으로 접근 및 설명 될 수 있다. 다양한 이론들은 서로가 양립가능하게 혼합되어 훌륭한 학습 성과를 만들 수 있다. 이 PLN 구성요소를 학습자와 교수자와의 관계로 비유해 본다면, 학습자를 진정으로 생각하는 교수자는 학습 경로를 최적화하기 위해 가능한 모든 교육 방법론, 지원 및 매체를 재설정하여 제공할 수 있을 것이다. 그러나 이러한 이상적인 시나리오에도 기능적이고 효율적인 의사소통 채널이 존재하지 않기 때문에 여전히 고립감의 문제를 해결하지 못한다. 이와 유사하게, 전체 프로세스에서 올바른 설정, 호환 가능한 네트워크, 올바른 사고 없이는 크라우드소싱, 소셜 네트워크와 온라인 콘텐츠도 충분하지 않을 것이다. 이에 덧붙여서, PLN을 이용하는 학습자들과 소비된 콘텐츠는 Web 2.0 애플리케이션에서 존재하는 코멘트, 블로그, 게시물, 트윗, 토론, 사진 및 기타 소싱된 모든 콘텐츠 등을 통해 사이클에 순환적으로 기여해야 한다. PLN의 주요 관심사는 콘텐츠 크라우드소싱 메커니즘을 최적화하여 콘텐츠 공급자와 도메인 전문가로부터 학습자의 지식 저장소를 채우는 것이다. PLN 구성요소가 제공하는 최종 산출물은 다양한 콘텐츠와 콘텐츠 및 지식을 연결하여 통합하는 완전한 온라인 학습자원 센터이다.

6.1.2 학습자 동기 부여 및 자기결정성

e-러닝의 두 번째 문제로 언급된 학습자의 동기 수준은 개인 학습 포트폴리오(PLP)에서 프로파일을 지속적으로 업데이트하고, e-러닝 학습 환경 내에서 무엇을 학습해야 하는지에 대한 신속한 결정과 지속적으로 학습에 참여하는 것과 연관된다. 또한 앞으로 소개될 PLP 구성요소와 관련된 세 가지 개념은 모델의 이론적 기반이 된다. PLP 구성요

소 안에 있는 학습자 프로파일링은 자기결정성 이론에 기반하고 학습자의 동기 향상을 도와준다.

학습자 프로파일링은 4장에서 구체적으로 설명하였고 5.2절에서 PLP 구성요소의 일부로 언급되었다. 이 모델에서 학습자 프로파일링은 개별화 프로세스를 통해 학습자 네트워크에서 제공하는 모든 콘텐츠를 적절하게 조정하고 관리하여 개별 맞춤화할 수 있도록 한다. 학습자가 모델과 상호작용하면서 피드백 루프를 통해 PLP는 학습자의 학업 및 기타 요구사항에 맞춰 더욱 정교해지고 미세 조정된다. 이 모델은 학습자 프로파일을 제공하기 위해 다양한 머신러닝 기술을 사용한다. 이 기술은 미래에 보다 더 우수하고 효율적인 프로파일러(프로파일링에 사용되는 프로그래밍 도구)로 대체될 수 있다. 프로파일러의 기술적 세부사항은 개인 학습 환경에서 수많은 개념, 아이디어 및 기술을 통합하는 기능적이고 효과적인 모델을 설정하는 것이다. 서로 다른 프로파일링 기법은 동일한 목표에서 다르게 기능하며, 그 성능은 머신러닝 기법의 내외부적 요인에 따라 다르다. 학습자 프로파일링은 PLN에 의해 생성된 콘텐츠를 맞춤화하기 위해 사용되는 동일한 프로파일러에 대한 데이터 및 입력을 생성하는 환경과 학습자의 상호작용을 통해 제공된다. 이 모델은 학습자 프로파일과 유사하거나 관련성 있는 다른 학습자 프로파일과 매치하는 인공지능 프로세스인 클러스터링 기법을 사용한다.

자신의 학문적 욕구, 관심사, 요구사항에 빠르게 반응하는 환경을 경험하는 학습자는 학습에 대한 의욕이 더욱 높아지고 능동적으로 참여하게 된다. 결정성(determation)의 부재는 학습의 의욕을 감소시킨다는 연구결과가 있는데[22], 이 연구에서 결정성은 강좌 내용을 선택하는 데 결정적이고 핵심적인 역할을 했으며, 이는 결국 동기 부여 수준을 높이는 데 도움이 되었다고 보고한다.

Deci와 Ryan[23]의 이론은 동기 부여를 자기결정성과 연결지어 학습자의 학업 성취도를 향상시키기 위한 태도를 다루고 있다. 자기결정성 학습이론은 다양한 유형의 학습자 동기를 활성화시키는 동기와 목표를 정의한다. 학습자가 행동이나 경험 그 자체를 본질적으로 즐겁고, 흥미롭고, 매력적이라고 느낀다면 내재적 동기 부여가 될 수 있다. 반면 학습자의 환경 요인이 즐거운 학습성과로 연결이 될 경우 외재적으로 동기 부여를 받을 수도 있다.

동기 수준과 자기결정권은 학습자 프로파일링 과정과 직결된다. 왜냐하면 각각의 학습자 특성과 학습 패턴이 확인되어야 학습자를 만족시킬 수 있는 학습 콘텐츠가 맞춤화되기 때문이다. 연구자들[24, 25]은 학습자의 특성과 학업적 성과 간의 상관관계가 있다는 것을 증명하였고 이것은 PLP가 궁극적으로 고려해야 할 부분이다. 학습 포트폴리오 내에서 생성되는 프로파일은 학습자의 자세한 특징을 보여주는 학습 프로파일로, 결국 학습자의 경험을 향상시키기 위한 동기 부여 채널로 기능한다. 또 다른 연구[26]에 따르면 학습자가 가지고 있는 최신의 관심과 요구가 학습자의 동기 수준에 중요한 요인이 되고 학습 성과에 중요한 역할을 한다. 이는 학습자와 맞춤형 콘텐츠와의 상호작용에 의해 구동되는 피드백 사이클을 통해 지속적으로 정교화되는 PLP의 추론을 강화한다. 이러한 연구는 동기 문제를 해결하고, PLP 내에서 자기결정성 학습이론에 의해 옹호되는 학습자 프로파일의 생성 및 적용에 대한 근거를 지지하고 정당화한다. 또한 다른 연구자[27, 28]도 비형식 학습과 함께 자기조절학습, 자기결정성 및 자기주도학습 개념을 연관시킨다. 학습자는 학습 콘텐츠 및 환경을 넘어서서 어떻게 학습하는지에 대해 이해할 때 훨씬 더 나은 성과를 거두며 이로써 학습 동기가 부여된다.

6.1.3 학습 환경 개인화

앞에 소개된 사회적 측면 요소와 동기 부여 요소는 PLN에 적용된 테크닉을 통합하는 학습 환경을 형성하기 위해 합쳐지며, PLP는 PLE 안에서 전체 학습의 경험을 개별화시킨다. 5.3.3절에서 논의된 개인 학습 환경이 본 장에서 제안하는 모델의 기초였다면 6.2와 6.3절에서는 AI 테크닉들을 적용하여 모델을 보다 자세히 설명할 것이다. 맞춤형 인터페이스는 e-러닝의 또 다른 문제인 비개별화를 해결하기 위해 개인화를 제공하며 적응형 학습이론을 기반으로 설명될 수 있다. 6.1에서 소개된 이 세 가지 개념은 이제 PLE의 맥락에서 보다 확장될 것이다.

4장에서 소개되었던 개인화 개념은 e-러닝 환경에서 효과적이기 때문에 의도적으로 이 모델에 통합되었으며 이로 인해 교육적 측면에 더 의미가 있다고 할 수 있다. 이전에 온라인 콘텐츠를 활용한 개인화 학습은 웹을 통해 정보를 수집하는 네트워크를 기반으로 그 가능성을 탐색하였다[29]. 제안된 모델은 개인화를 적용하였는데 4.1절에서 언급한 고립감을 해결하기 위한 시도뿐만 아니라 그 이상의 것들을 해결하기 위한 노력으로 제안되었다. 제안된 모델의 물리적 환경은 학습자가 주변 환경과 자신을 연결시킬 수 있도록 개인화를 제공한다. 개인화된 인터페이스 내에서 아이템, 콘텐츠, 아이콘 등과 같은 모든 시각적 측면을 통해 학습자는 자기 자신을 드러낼 수 있다. 또한 이 모델은 학습자가 선택한 다양한 콘텐츠 제공자, 특정 서비스 및 기능을 통해 개인화를 제공할 수 있다. 기본적으로 PLN은 개별 학습자가 선택한 추천에 따라 수정되고 조정될 수 있으며, 이 추천은 PLP의 컴파일에 기여한다. 마지막으로 이 모델은 자체 필터링 메커니즘을 지속적으로 업데이트하고 정교화함에 따라 외현적으로 드러난 즉시 처리할 수 있는 관심사, 요구 및 필수요건과 더불어 PLP가 수집한 모든 암묵적 정보를 보완할 수 있는 가능성을 허용한다. 개인화의 세 가지 측면 모두 AI 기반은 아니지만 PLE가 전달하고자 했던 개별 학습자 맞춤형 모델을 제공한다.

PLE의 개인화 프로세스는 비개별화된 e-러닝의 마지막 문제를 다룬다. 그동안 온라인 학습자들은 e-러닝 학습 환경에서 상호작용이 충분하지 않았고, 비효율적이라고 불만을 드러냈다. 그러나 제안된 모델은 PLE를 활용할 뿐만 아니라 AI 기술과 기능에 의해 구동되는 지능형 요소를 활용한다. 이를 위해 개인 학습 네트워크와 포트폴리오를 모두 통합하는 지능형 PLE는 사용자에게 어필할 수 있는 친숙하고 맞춤화된 학습 환경을 조성하며, 이는 e-러닝 프로세스를 더욱 효과적으로 만든다.

학습 환경의 개인화를 지지하는 학습이론은 적응형 학습이론이다. 적응형 학습이론은 학습 내용 및 방법론을 학습자의 요구, 관심사 및 필수조건에 맞게 사용자를 정의하고 맞춤화하는 개념을 지지한다. 학습 과정에 개인화를 적용하는 것을 그동안 생각하지 않았거나 시도하지 않았던 것은 아니지만[30] 이것을 실제로 구현하는 것이 쉽지 않았다. 적응형 학습 시스템은 지난 10년 동안 모든 학습 연령대에서 교육이 효율적으로 이루어질 수 있다는 잠재력과 파급력으로 인해 많은 연구자들[31-36]에 의해 개발되었다. 개인화 프로세스는 콘텐츠, 방법론 및 프로세스의 맞춤화를 모두 아우르는 완벽하고 총체적인 접근이어야 한다[37]. 마찬가지로 다른 연구자[38, 39]는 학습자의 고유한 특성은 관심, 요구 및 필수조건이 지속적으로 변화하고 진화하기 때문에 학습자의 상황과 맥락의 관련성과 함께 결합되어야 한다고 주장한다. 제안된 모델의 핵심 부분을 구성하는 세 가지 요소가 이 모든 연구에서 나타난다. 첫째, 학습자의 흥미와 학습요구는 성숙한 학습자뿐만 아니라 교육을 통한 지식 프로세스의 진화를 거치면서 역동적으로 변화한다. 둘째, 학습자는 다양한 관심사를 가지고 있기 때문에 모델은 단일 모델보다는 하나 이상의 도메인 영역을 담고 있는 모델이어야 한다. 마지막으로, 학습내용과 교육 자료는 다양한 주제에 대한 흥미의 조합이다. 제안된 모델은 개인화되고 상황과 맥락을 반영한 학습 환경을 보장하기 위해 이러한 모든 요소를 고려한다. 따라서 제안된 모델에서는 콘텐츠, 학습자 및 교수 방법이 PLN, PLP, PLE와 매칭되는 삼각형 구조를 채택했다.

6.2

아키텍처 설계

제안된 모델은 연구되고 논의된 방법론을 구현하는 데 필요한 다양한 기술 외에도 수많은 개념을 결합한다. 이전 하위 절에 소개된 제안된 모델의 각 기능은 온라인 학습을 개인화하기 위해 AI가 적용된 온라인 학습 플랫폼을 구현하는 지능형 PLE의 세 가지 측면을 모두 반영하여 [그림 6.1]에 묘사되어 있다. 세 가지 학습이론은 구조 설정에 있어 철학적 추론을 내포하고 있기 때문에 이 모델의 핵심이 된다.

하나의 목표를 향해 기반이 되는 각각의 학습이론들이 양립될 수 있게 통합하는 것은 e-러닝 분야에서 공통적인 실천이다. 세 가지의 학습이론은 교수자에게 초점을 두기보다는 주로 학습자들을 참여시키는 데 초점을 맞추고 있다는 점에서 어느 정도 서로 관련이 있다. 세 가지 학습이론은 꼭짓점에 표시된 세 가지 e-러닝 문제를 해결하기 위한 학습 개념이다. 제안된 모델은 고전적인 e-러닝 시스템의 문제를 해결하는 동시에 e-러닝의 미래를 정의할 수 있는 아키텍처의 재구성을 제안한다. 그림에 명확하게 나타난 크라우드소싱, 학습자 프로파일링 및 개인화라는 세 가지 기술이 통합된 제안된 모델은 단일 e-러닝 플랫폼에서 내부 삼각형 구조를 형성한다. AI는 각 문제를 해결하고 기능적이고 효과적인 솔루션을 제공하기 위해 적용된다. 따라서 제안

그림 6.1 제안된 모델의 이론적 근거

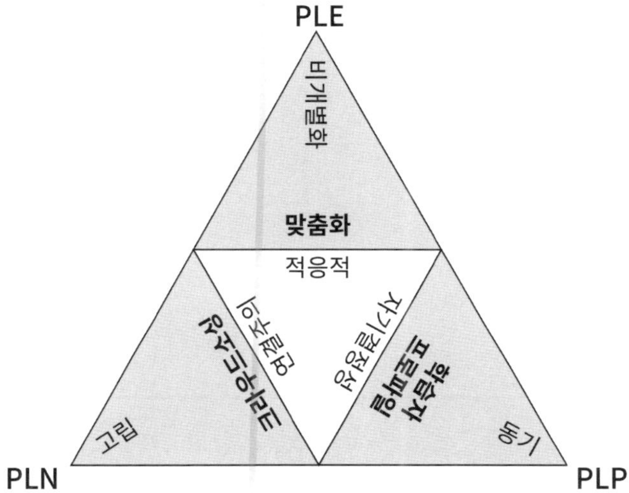

된 온라인 학습 환경은 다음 세 가지 문제를 해결하기 위한 것이다.

- 표준화된 교육과정을 학습할 시에 학습자가 고립되어 혼자 힘으로 애쓰거나 혼란스러워 하지 않도록 해야 한다. 온라인 학습자는 정보의 원천인 포괄적인 학습 사회 내에 통합되기 위한 노력으로 학습 네트워크의 일부를 구성할 수 있다. 이 문제는 모든 개별 학습자가 고립되지 않고 교육 노드의 네트워크 일부를 형성하는 연결주의 학습 이론에 깊이 뿌리를 두고 있다. 각 학습자가 개발하고 큐레이팅하고 보유하는 개인 학습 네트워크는 이를 가능하게 하고 제안된 환경의 일부를 형성한다. PLN 구성에서 유사한 학습자별로 클러스터링하는 AI 기술은 서로의 학습경험으로부터 상호 이익을 얻을 수 있기 때문에 자동으로 결합된다.
- 학습자가 학습 과정 전반에 걸쳐 가능한 한 높은 수준의 동기를 지속적으로 유지할 수 있도록 지원해야 한다. 이는 학습자가 자신의 관심

사를 명확하게 인식하고, 특정 학습 과정에서 학습자의 요구, 관심사 및 흥미 패턴을 효율적인 방식으로 정확하게 포착함으로써 달성된다. 자기결정성 이론에서는 학습동기가 유발된 학습자가 자신의 학습 과정을 완전히 제어할 수 있는 권한을 부여받고, 개인 학습 포트폴리오가 이러한 노력을 포착함으로써 동기 문제를 해결한다. 학습자 프로파일링 AI 기술은 이 특정 문제를 해결하기 위해 사용된다.

그림 6.2 최상위의 아키텍처

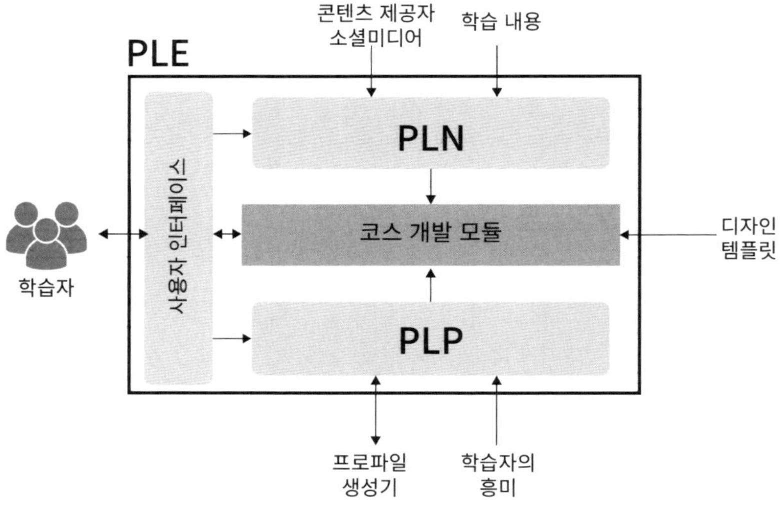

- 마지막으로 두 가지 문제가 함께 결합되어 학습 프로세스와 전체 e-러닝 경험을 개인화하는 데 기여해야 한다. 이는 맞춤형 매체가 온라인 프로그램의 제공을 최적화하는 동시에 학습 콘텐츠 및 프로세스의 적절하고 정확한 맞춤화를 통해 가능하다. 적응형 학습이론은 학습 과정이 학습자에게 맞춤화되지 않는 문제를 각 개별 학습자에 대해 꼼꼼하고 자동으로 적응되도록 함으로써 해결한다. 개인 학습 환경(PLE)은 PLN과 PLP를 통합하며 e-러닝의 미래를 제시하는 동시에 과거에 제안되었던 모델을 통합하여 보여준다.

위의 세 가지 목표는 이전 장에 언급된 모든 것을 정확하게 구분하여 제시하고 있기 때문에 제안된 모델의 아키텍처 설계를 잘 설명해준다. [그림 6.2]에 표시된 최상위 아키텍처 설계는 다양한 구성요소가 함께 모여 지능형 PLE를 구성하는 방법을 보여준다.

6.2.1 지능형 사용자 인터페이스

학습자는 실시간으로 개별 맞춤화되고 의도적으로 실시간 생성되는 지능형 사용자 인터페이스를 통해 시스템과 상호작용하여 e-러닝 경험을 심미적으로, 콘텐츠적으로, 그리고 기능적으로 개인화한다. 사용자 인터페이스는 e-러닝 세션 및 프로그램 전반에 걸쳐 학습자 상호작용을 최적화하기 위한 것이다. 모양과 느낌은 학습자가 선호하고 편안하게 느끼는 것을 일관되게 유지하기 위해 디자인 템플릿을 사용하여 쉽게 제어할 수 있다. 이는 모듈 및 다양한 인터페이스를 가져옴으로써 개별 학습자의 만족도를 높이면서 진화할 수 있는 용이함을 준다.

6.2.2 실시간 코스 개발

지능형 PLE 설계의 중심에는 PLN과 PLP의 데이터를 받아 교육과정 자체를 생성하는 과정 개발 모듈이 있다. 코스 내용은 개인화되고 특정 학습자에게 적합한 설계 템플릿에 따라 형식이 지정된다. 앞서 설명한 대로 PLN은 PLE에 필요한 데이터를 제공하는 동시에 크라우드소싱, 사전 설정된 학습 프로그램, 학습자 상호작용의 피드백 등 세 가지 요소에서 자체 콘텐츠를 제공하기 때문에 PLE 안에 구성되어 있다고 볼 수 있다. 세 가지 요소에 대한 입력은 모든 학습자가 새로운 소스, 기능, 위젯 및 콘텐츠를 마음대로 편집, 추가 및 제거할 수 있기 때문에 역동적인 성격을 가지며 모듈이 상호호환이 된다. 이와 유사하게 PLP도 세 가지 요소로부터 영향을 받아 개인화된 e-러닝 과정 개발에 기여한다. 학습자 상호작용 및 피드백 루프는 PLP에 의해 포착되어 변화하는 프로파일을 추적, 조정 및 정교화 하면서 프로파일 생성기가 현재 학습자 프로파일을 업데이트하도록 하는 PLP의 가장 중요한 데이터이다. 마지막으로, PLP가 지속적으로 생성되고 실시간 업데이트되기 위해서는 학습자의 최신 관심사를 면밀히 포착하고 표현해야 한다.

6.2.3 iPLE

지능형 PLE(intelligent PLE, iPLE)는 학습자에게 채택을 강요하지 않고 이용할 수 있는 새로운 소스, 기능 및 관련 관심사를 자동으로 추천한다. 그러나 학습자가 제안된 추천을 수락하기로 결정한 경우, 추천한 내용은 역동적 코스 개발 프로세스에 포함되고 반영된다. 이때 지능형 PLE는 학습자의 수준에 맞는 교육 내용을 제공하지만 동시에 학습자의 요구, 관심사 및 필수요건을 수용해야 한다.

6.3

개발 측면

제안된 모델의 개발은 몇 가지 기술, 개발 환경 및 구현 가능성에 대해 언급해야 하기 때문에 이 책의 범위를 넘어선다. 그러나 지능형 PLE를 개발하기 위해 어떤 기술이 사용되는지에 관계없이 고려해야 할 몇몇 가지 사항들을 언급하는 것은 필요하다고 생각한다. 제안된 학습 환경은 온라인 상태이며 WWW 리소스에 대한 온라인 액세스를 가정한다. 대부분의 e-러닝 시스템에 전형적으로 적용되는 최선의 선택은 웹 기반 애플리케이션을 개발하여 웹 브라우저를 사용자 인터페이스로 사용하는 것이다. 다양한 플랫폼에 걸쳐 다양한 버전의 웹 브라우저로 인해 어떤 위치나 기계에서 학습 환경에 쉽게 접근할 수 있는 것 외에도, 수많은 다른 문제들이 이 옵션의 채택을 가장 유리하게 만든다. 다운로드가 필요하지 않으며 웹 브라우저를 통한 액세스로 이러한 모든 문제가 제거되므로 설치 문제나 하드 디스크 공간이 필요하지 않다. 또한 소프트웨어를 지속적으로 업데이트할 필요가 없다는 이점도 있다. 모든 새 버전 또는 유지 관리 업데이트는 서버에서 수행되므로 학습자에게 문제가 되지 않으며 여기에는 새로운 서비스, 새로운 기능, 추가 Web 2.0 기능, 최신 온라인 콘텐츠 소스 및 최신 개방형 교육 리소스가 포함된다. 인터페이스와 같은 웹 브라우저를 사용하는

씬 클라이언트 방법론은 서버 성능, 지능형 PLE 개발에 사용되는 웹 프로그래밍 언어의 효율성과 프로파일 생성 및 업데이트, 학습자 PLP에 따른 콘텐츠 구조화 그리고 e-러닝 구현의 기본이 되는 절차 성능에 초점을 맞춘다.

6.2.2절에 명시한 실시간 코스 개발 구성요소는 가장 많은 주의를 요하며 처리 시간의 대부분을 소모하게 한다. 이 작업을 완화하려면 모든 기여 구성요소가 미리 처리되거나 모든 필수 입력을 즉시 사용할 수 있도록 백그라운드에서 지속적으로 실행되도록 하는 것이 중요하다. 설계 템플릿과 학습 콘텐츠는 학습자 PLP에 맞는 적절한 콘텐츠를 식별해야 한다는 점을 제외하고 쉽게 사전에 이용할 수 있기 때문에 아마도 모든 입력 사항 중 가장 쉽다고 할 수 있다. 템플릿은 모든 구성요소의 다른 포지셔닝을 식별할 수 있다. 이것은 마음대로 추가할 수 있는 추가 기능 외에 인터페이스의 항목을 재정렬하는 드래그 앤 드롭 기능을 가지고 있다. 프로파일 생성기에서 만들어진 최신의 PLP가 이용될 것이기 때문에 프로세스 처리에 많은 시간이 소요되지 않는다. 중요한 것은 최신 PLP를 만들기 위해서는 동일한 프로파일 생성기를 통해 사용자가 제공하는 모든 상호작용 및 피드백이 서버에서 동시에 실시간으로 처리되게 하는 것이다. 학습자가 학습 한 차시를 종료할 때뿐만 아니라 한 과정을 완료하고 다음 단계로 이동할 준비가 될 때마다 이 프로세스는 스케줄링되어야 한다. 학습 모듈을 개발해야 할 때, 최신 업데이트된 버전의 PLP가 최근 학습자의 관심사를 고려하여 다양한 공급자, 소셜 미디어로부터 콘텐츠를 추출하고 목표한 교육 콘텐츠를 맞춤화한다. 과정 개발 모듈의 작업을 용이하게 하기 위해 교육 기관 또는 교육 관리자는 사전에 범주화를 명확히 해야 한다.

동일한 학습자의 자격 및 PLE 세부 정보와 함께 학습자의 피드백, 진행, 성과 및 선택사항이 서버에 적절하게 기록된다. 지능형 PLE는 학습자의 적절한 사용자 이름과 암호를 알려줄 수 있는 클라이언트 쿠키 등록 방법론을 쉽게 채택할 수 있지만 나머지 기록 작업은 서버에서 수행한다. 학습자는 크라우드소싱 콘텐츠에 의해 지능형 PLE 내에 제공되는 수많은 소스에 접근할 수 있으며, 이는 성숙한 학습자가 학습 환경에서 콘텐츠 및 개별 학습자의 관심사와 밀접하게 관련된 다른 온라인 위치로 접근할 수 있게 한다. 지능형 PLE의 이면에 있는 개념은 학습자 중심일 뿐만 아니라 학습자가 자신의 학습을 책임지고 있기 때문에 고등교육 학습자에게 적합하다고 할 수 있다.

6.4

결론

제안된 맞춤형 e-러닝 모델은 이전 장에서 상세하게 설명한 후 지능형 개인 학습 환경(iPLE)의 형태로 제시되었다. iPLE은 다양한 구성요소, 기술적 개념으로 구성되어 있다. 이 모델은 교육학적 사상, 그리고 인식론적 관점들로 명확하게 논의되고 이론적으로 뒷받침되었다. 모델의 조합과 구성은 e-러닝의 개인화라는 궁극적인 목표에 영향을 미치는 다양한 요소의 호환성을 보여주며 모델의 모든 측면에서 AI의 적용과 통합은 매우 중요하다. 이 모델은 AI를 활용하고 통합함으로써 모든 개별 학습자에게 효과적인 온라인 학습을 지원, 설계, 맞춤화하고, 성공적으로 학습내용을 전달하고자 했던 인간의 목표를 달성하는 데에 매우 중요하다. 인공지능 기술은 학습자의 개별 특성을 포착하여 e-러닝을 개인화하는 데 활용할 수 있으며, 동시에 고립감, 동기 및 비개별화라는 대표적인 e-러닝 문제를 해결할 수 있다. 이 문제들은 크라우드소싱, 학습자 프로파일링, 개인화 등과 같은 다양한 방법론을 통해 해결되었을 뿐만 아니라 PLN, PLP 및 PLE 개념 내에 구현되었고 연결성, 자기결정성, 그리고 적응형 학습이론을 통해 이론적 근거를 제공하였다.

참고문헌

1. Leone, S.: Characterisation of a Personal Learning Environment as a Lifelong Learning Tool. Springer, Ancona (2013)
2. Noesgaard, S., Ørngreen, R.: The effectiveness of e-learning: an explorative and integrative review of the definitions, methodologies and factors that promote e-learning effectiveness. Electron. J. eLearning 13(4), 278-290 (2015)
3. ODonoghue, J., Singh, G., Green, C.: A comparison of the advantages and disadvantages of IT based education and the implications upon students. Interact. Educ. Multimed. 9, 63-76 (2004)
4. Olson, J., Codde, J., deMaagd, K., Tarkleson, E., Sinclair, J., Yook, S.: An Analysis of e-Learning Impacts and Best Practices in Developing Countries. Michigan State University, Michigan, USA (2011)
5. O'Reilly, T.: What Is Web 2.0 Design Patterns and Business Models for the Next Generation of Software (2005). http://www.oreilly.com/pub/a/web2/archive/what-is-web-20.html. Cited 12 Feb 2013
6. Sclater, N.: Web 2.0, Personal Learning Environments, and the future of Learning Management Systems. Educause: Center for Applied Research, Colorado (2008)
7. Costa, J., Silva, C., Antunes, M., Ribeiro, B.: On using crowdsourcing and active learning to improve classification performance. In: 11th International Conference on Intelligent Systems Design and Applications (ISDA), pp. 469-474. IEEE, Cordoba (2011)
8. Weld, D. S. et al.: Personalised online education-a crowdsourcing challenge. In: AAAI Workshops at Twenty-Sixth AAAI Conference on AI. [S.l.]: AAAI, pp. 159-163 (2012)
9. Bonabeau, E.: Decisions 2.0: the power of collective intelligence. MIT Sloan Management Review, pp. 45-52 (2009)
10. Open Educational Resources (2017). https://www.oercommons.org/. Cited 13 June 2016
11. Merlot II: Multimedia Educational resource for Learning and Online Teaching (2017). https://www.merlot.org/merlot/index.htm. Cited 24 Nov 2016
12. ConsiderIt (2016). https://consider.it/. Cited 11 Nov 2016
13. Downes, S.: Places to go: connectivism and connective knowledge. Innov. J. Online Educ. 5(1) (2008)
14. Kop, R., Hill, A.: Connectivism: learning theory of the future or vestige of the past? Int. Rev. Res. Open Distance Learn. 9(3) (2008)
15. Duke, B., Harper, G., Johnston, M.: Connectivism as a Digital Age Learning Theory. The International HETL Review (2013)
16. Urea, G. V., Valenzuela-Gonzlez, J.R.: Online social network contacts as information repositories. Int. J. Educ. Technol. High. Educ. 8(1), 142-155 (2011)
17. Loureiro, A., Bettencourt, T.: Immersive environments a connectivist approach. In: Lytras, M. (ed.) WSKS 2010, Part I, CCIS 111, pp. 202-214.

Springer, Berlin (2010)
18. Robson, R.: The changing nature of e-learning content. In: Huang, R., Spector, J. (eds.) Reshaping Learning-Frontiers of Learning Technology in a Global Context, pp. 177-196. Springer, Berlin (2013)
19. Hung, N. M.: Using ideas from connectivism for designing new learning models in vietnam. Int. J. Inf. Educ. Technol. 4(1), 76-82 (2014)
20. Ng, W.: Theories underpinning learning with digital technologies. In: Ng,W. (ed.) New Digital Technology in Education, pp. 73-94. Springer International Publishing, Switzerland (2015)
21. Mayes, T., de Freitas, S.: Technology enhanced learning: the role of theory. In: Beetham, H., Sharpe, R. (eds.) Rethinking Pedagogy for a Digital Age: Designing for 21st Century Learning, p. 1730. Routledge, New York (2013)
22. Tang, T., McCalla, G.: Beyond learners interest: personalized paper rec-ommendation based on their pedagogical features for an e-learning system. Lect. Notes Comput. Sci. 3157, 301-310 (2004)
23. Deci, E., Ryan, R.: Intrinsic Motivation and Self-Determination in Human Behavior. Plenum Press, New York (1985)
24. Chue,K.L.: Examining the influence of the big five personality traits on the relationship between autonomy, motivation and academic achievement in the twenty-first-century learner. In: Koh, C. (ed.) Motivation, Leadership and Curriculum Design, pp. 37-52. Springer, Singapore (2015)
25. Deci, E.L., Vallerand, R.J., Pelletier, L.G., Ryan, R.M.: Motivation and education: the selfdetermination perspective. Educ. Psychol. 26(3, 4), 325-346 (1991)
26. Linnenbrink, E. A., Pintrich, P. R.: Motivation as an enabler for academic success. Sch. Psychol. Rev. 31(3), 2002 (2002)
27. Wheeler, S.: Theories for the digital age: Self regulated learning, Learning with'e's (2012). http://www.steve-wheeler.co.uk/2012/10/theories-for-digital-age-self-regulated.html. Cited 12 Nov 2014
28. Hase, S., Kenyon, C.: Heutagogy: a child of complexity theory. Int. J. Complex. Educ. 4(1), 111-118 (2007)
29. Siemens, G.: SenseMaking Artefacts, Connectivism (2012). www.connectivism.ca. Cited 15 Apr 2016
30. Oxman, S., Wong, W.: Adaptive Learning Systems. DeVry Education Group, USA (2014)
31. Soonthornphisaj, N., Rojsattarat, E., Yim-ngam, S.: Smart E-learning using recommender system. Comput. Intell. 4114, 518-523 (2006)
32. Drachsler, H., Hummel, H., Koper, R.: Personal recommender systems for learners in lifelong learning: requirements, techniques and model. Int. J. Learn. Technol. 3(4), 404-423 (2008)
33. Kay, J.: Lifelong learner modeling for lifelong personalized pervasive learning. IEEE Trans. Learn. Technol. 1(4), 215-228 (2008)
34. Tan, H., Guo, J., Li, Y.: E-learning recommendation system. In: International Conference on Computer Science and Software Engineering, pp. 430-433 (2008)
35. Bobadilla, J., Serradilla, F., Hernando, A.: Collaborative filtering adapted to recommender systems of e-learning. Knowl.-Based Syst. 22(4), 261-265

(2009)
36. Bian, L., Xie, Y.: Research on mutual adaptation problem of adaptive learning systems. J. China Educ. Technol. 3, 9–12 (2009)
37. Bian, L., Xie, Y.: Research on the Adaptive Strategy of Adaptive Learning System. In: Zhang, X. E. (ed.) Edutainment, pp. 203–214. Springer, Heidelberg (2010)
38. Oxman, S., Wong, W.: Adaptive Learning Systems. DeVry Education Group, USA (2014)
39. Salehi, M., Kamalabadi, I. N., Ghaznavi Ghoushchi, M. B: Personalized recommendation of learning material using sequential pattern mining and attribute based collaborative filtering. Educ. Inf. Technol. 19, 713–735 (2014)

Chapter
07

미래의 e-러닝 방향

미래의 온라인 교육
AI 기반 e-러닝과 개인화 학습

초록

이 책은 6장에서 제안한 지능형 개인 학습 환경에 기반하여 미래 e-러닝의 방향을 예견해 보는 것으로 끝을 맺는다. 웹 기술 및 AI 기술은 e-러닝 시스템에서 내용 전달이나 학습자의 경험을 개선하기 위해 활용되며, 계속 발전하고 있다. 테크놀로지와 결합한 AI 기반의 e-러닝은, 최신 웹 기술을 적용하여 e-러닝 환경을 업그레이드하고 다음 세대로 넘어가는 이전의 트렌드와는 다르다. 지능형 개인 학습 환경은 기본 아키텍처 내에서 어떤 문제를 해결하고 사전에 설정된 e-러닝 요구를 충족할 수 있는 다양한 방법론과 실행 방법을 채택한다. e-러닝 요구를 충족시키기 위해 어떠한 테크놀로지가 필요한지 일일이 나열하고 구현할 필요가 있을까? 동일한 아키텍처 설정은 개별화된 e-러닝을 구현하기 위해 수많은 테크놀로지를 통합하는 새로운 개념을 도입했다. 미래의 e-러닝 세대는 다양한 영역의 발전을 최대한 활용하여 e-러닝의 미래에 우수한 부가가치적 성과를 달성할 것인가? 마지막 장에서는 미래지향적인 환경을 고안함으로써 이러한 가능성 및 미래 e-러닝 세대에 미칠 영향을 살펴보고자 했다. 미래 e-러닝 구축에 영향을 미칠 기술혁신은 무엇일까? 이상적인 e-러닝 시나리오는 무엇이며, 어떤 테크놀로지 또는 어떤 테크놀로지 간의 결합이 미래 e-러닝이 나아갈 길을 개척할 수 있을 것인가?

7.1

Web 3.0

e-러닝의 한계로 제기되어온 여러 가지 문제들을 해결하기 위해 테크놀로지와 AI결합 기술이 보편적으로 사용되고 있고, 학습이론에 의해 입증된 이 모델은 여러 연구자들이 예견한 바와 같이 e-러닝을 다음 단계로 진화하도록 하였다. Rubens와 연구진[1]은 AI를 e-러닝 진화의 원동력으로 보았으며, 머신 러닝과 데이터 마이닝 기술이 Web 3.0과 e-러닝 발전을 이끄는 잠재적 기술이라고 보았다. Web 3.0이 다음 세대 e-러닝의 촉매제가 될 것이라고 주장하는 또 다른 연구자들[2]도 AI가 e-러닝 3.0의 개발에 큰 영향을 미칠 것이라고 예측했다(그림 7.1 참조). 그리고 지능형 에이전트 및 시멘틱 표준으로 표현되는 AI는 가상공간 및 3D 시각화 기술과 함께 온라인상에서 학술적 접근 방식을 혁신하는 데 중요하다고 하였다. 또한 교수자가 전달한 정보를 그대로 받아들이고 기억하는 수동적인 방식에서 벗어나 학습자와 잠재적 교육자원 간의 능동적 상호작용을 강화하기 위해서는 e-러닝 시스템의 큰 변화가 필요하다고 주장하였다. Hussain[3]도 이에 동의하였고, e-러닝 3.0은 이전의 e-러닝에서 Web 3.0 기술이 추가된 확장된 버전 또는 단순한 변형이라고 주장하며 3세대 e-러닝과 Web 3.0 간의 관계를 정립하였다. 과거의 발전이 새로운 세대로 진화하는 데 발판

이 된다는 이러한 추세는 2장에서도 강조된 바 있으며, Web의 발전과 e-러닝의 각 세대를 결합하는 또 다른 연구[4]가 지속되고 있다. Wheeler[5]는 e-러닝 3.0의 주요 동력으로 네 가지 기술, 즉 분산 컴퓨팅, 확장된 스마트 모바일 기술, 협업 지능형 필터링, 3D 시각화를 제시하였다.

그림 7.1 **Web의 진화과정[2]**

Web 1.0 내용 전달	Web 2.0 내용 공유	Web 3.0 의미적 내용
수집, 보존, 표현, 소통	처리, 조정, 검토, 편집	추출, 해석, 분석, 구조화

이러한 기술들은 함께 결합하여 어떻게 그 가능성을 실현해 나갈 수 있을까? 미래 e-러닝 세대는 기술 개발에 좌우되어야 하는가? 미래 세대 e-러닝은 기술적 제약 또는 발전과는 별개로 앞서 나가야 한다. 또한 새로운 e-러닝 발전에 필요한 기술적 지원을 요구하는 학습이론을 기반으로 자유롭게 진화해 나가야 한다.

7.2

주변 지능 학습 환경

기술의 영향을 받지 않고 다음 e-러닝 세대를 구상하기 위해, 학습자가 기계, 노트북, 태블릿 또는 스마트폰 등의 웹 브라우저를 통해 인터페이스를 하는 웹 기반 방식에서 벗어나 AI 기반 e-러닝 모델을 구축하고자 한다. 이 아이디어는 학습자가 주위 환경의 모든 정보와 연결되도록 하는 주변 지능 환경(Ambient Intelligence) 개념을 교육에 적용하는 것이다. 주변 지능 환경은 실내, 사무실, 집, 보트, 자동차 또는 비행기 등과 같은 모든 주위 환경에 AI를 적용할 수 있다. 이는 주변 환경이 우리가 원하는 요구를 지능적으로 파악하여 적절히 대응함으로써, 우리가 주변 환경을 더욱 가치 있게 경험할 수 있도록 한다. 주변 지능 환경은 주변 곳곳에 존재하는 유비쿼터스적인 장점 이외에도 특별히 눈에 띄지 않음을 의미하는 내재형(embeddedness), 전자 기기가 사람의 상황을 인식하는 상황 인지(context awareness), 개인 요구에 맞추는 개인화(personalization), 상황에 맞춰 응대하는 적응성(adaptivity), 사용자의 요구를 미리 예상하는 예상 행동(anticipatory behavior)과 같은 추가적 특성을 가지고 있다. 이러한 특성 중 일부는 본 책에서 제안한 모델의 일부를 구성하고, 나머지는 주변 지능 환경에 적용될 수 있다. 제시한 e-러닝 모델을 주변 지능 학습 환경(AmILE)과 추가로 연결하기 위해서는 학습자가 온라인에 접속하여 온라인 교육 경험에 적극적으로 참여해야 한다. 중요한 점은 주변 지능 학습 환경의 교육적 요구와 목표에 맞게 학문적 요구사항이 수립됨에 따라, 기술적 요구사항 역시 주변 지능 학습 환경을 수용하기 위해 구체화된다는 것이다. 다음 절에서 소개할 추가 기술은 이러한 시나리오 내에서 필수적인 역할을 하게 되며, 기술들 간에 호환이 가능하므로 결합하여 학문적 목표를 달성하는 데 편리하게 사용될 것이다. 이것은 앞서 제안한 iPLE 모델에서 도출된 것과 같이, 인식론적 프레임워크 내에서 여러 가지 문제들을 해결하기 위해 여러 기술들이 결합된다. 주변 지능 학습 환경은 소프트웨어-트리거링(software-triggering) 및 물리적 작동 기능과 더불어 수많은 센서의 기능을 조정하기 위한 고도의 지능적인 기술을 필요로 한다. 이 환경에서는 iPLE가 브라우저의 제약을 받지 않고, e-러닝을 다차원적이고 새로운 차원으로 끌어올릴 수 있는 학습자 주변 환경으로 구성하는 것이 가능하다.

7.3

미래 트렌드

많은 연구자[2-6]들이 미래 핵심 동력으로 지목해 온 AI, 스마트 모바일 기술, 분산 컴퓨팅 및 지능형 필터링과 같은 기술들이 주변 지능 학습 환경에 적용되기 시작하였고, 사물인터넷(IoT) 및 무선통신도 이러한 많은 기술들을 결합하는 필수적인 기술이 될 것이다. e-러닝 발전과 관련하여 주변 지능 학습 환경 시나리오에 쉽게 통합될 수 있는 추가적인 미래 트렌드 몇 가지를 언급하면:

- 3D 시각화는 학습자가 있는 어떤 환경에도 쉽게 투사할 수 있으며, 사실적인 이미지가 학습자들의 몰입을 촉진하고, e-러닝 환경의 효율성을 더욱 향상시킨다. 가상현실(Virtual Reality)이나 증강현실(Augmented Reality)의 경우 하드웨어를 추가하여 다양한 상호작용 모드가 가능하나, 혼합 현실(Mixed Reality)과 같은 경우에는 주변 지능 학습 환경 시나리오의 일부로 특수 장비를 갖춘 전용 교육 공간이 필요하다.
- 교육 에이전트(pedagogical agents)는 맞춤형 학습 과정을 제공하기 위해 개별화 기술을 사용하는 AI 구성요소이다. iPLE는 특정 학습자를 위해 독립적으로 작동하는 교육 에이전트이지만, PLN을 통해 다른 에이전트들과 협력하기도 한다. 주변 지능 학습 환경 시나리오는

학습자 주변의 PLN을 통합하는 복잡성이 요구되기 때문에, 이를 다중 교육 에이전트가 충족시킬 수 있다.

- 생체 인식은 개인의 고유한 특성을 드러나지 않게 식별하여 다른 사람과 구별하는 이상적인 기술이다. 이러한 기술은 학습자를 인식하고, 개인 학습 프로파일의 구성요소가 학습자 정보를 정확하게 수집·처리·생성하도록 지원한다.
- 게이미피케이션은 그 자체로 효과적이고 매력적인 또 다른 e-러닝 또는 방법론이다. 인터랙티브하고 도전적인 요소들은 학습자가 게이머가 되어 다양한 레벨을 마스터하고 몰입하며 전략들을 개발해 나가도록 한다. 이는 어떤 환경에서도 이상적인 학습 환경이라고 할 수 있다. 주변 지능 학습 환경은 개별 학습자에게 가장 효과적인 게임의 종류와 장르에 대해 민감할 필요가 있다. 반면 주변 지능형 환경은 이 방법론의 효과성을 높이기 위한 기능이나 전용 환경을 제공해야 한다.

향후 주변 지능 학습 환경 시나리오에 도움이 될 만한 추가적인 미래 트렌드가 나타날 수 있지만, 개념적 목표가 이미 설정되었으므로 새로운 기술이나 트렌드를 수용할 수 있는 방법은 없다. 반대로 주변 지능 학습 환경 프로젝트에서 새로운 기술 및 트렌드의 필요성이 더욱 강조된다면, 그 기술은 다음 e-러닝 세대의 교육적 요구를 수용하기 위해 적용될 것이다.

7.4

결론

AI 기반 애플리케이션은 일반적으로 사람이 하는 작업을 수행하고, 커뮤니케이션도 인간에 의해 실행되는지 지능 애플리케이션에 의해 실행되는지를 구분할 수 없을 정도로 인간의 지능을 근본적으로 시뮬레이션한다. 교육은 AI 응용 프로그램이 대체 할 수 없는 특별한 과업이지만, 만약 AI가 이상적으로 수행해 낸다면 대체할 수 있을 것이다. 재능 있고, 학습자들에게 영감을 주며, 숙련된 교육자로서의 역할은 어떠한 연습이나 접근 방식으로 대체되거나 모방될 수 없는 것이지만, 항상 그런 것은 아니다. 블렌디드 러닝은 전자적 기술과 사람의 조력이 어우러져 원만한 균형을 유지하지만, 이러한 것이 항상 가능한 것은 아니다. 즉, 많은 e-러닝 시스템들이 수많은 학습자들의 요구사항을 해결하기 위해 전적으로 전자 통신에 의존한다는 것이다. 이러한 경우, 이상적으로 진행되는 면대면 수업에 최대한 가깝게 교육내용이 전달될 수 있도록 전자 매체를 최적화하여 효율적으로 전달해야 한다. e-러닝 시스템과 온라인 학습 플랫폼은 소위 '차가운 전자 매체'와 '부드러운 물리적 접촉' 간의 격차를 줄이기 위해 수년간 지속적으로 노력해 왔다. 연구자들과 교육공학자들뿐 아니라 e-러닝을 지지하는 사람들도 e-러닝에서 새로운 기술들이 적용됨에 따라 한 세대에서 다른 세대로 진화해 나가는 과정을 개선하고 발전시키기 위해 지속적인 노력을 했다. 이 책은 AI 기술, Web 2.0 기능 그리고 향상된 개별화 기능이 결합된 모델을 제시함으로써, 다음 세대 e-러닝 시스템을 조망하였다. 이 모델은 학습이론에 기초하여 수년간 제기되어 온 e-러닝의 많은 이슈들을 해결한다. 모델 이면의 개념적 철학과 더불어 개인적 인식론은 e-러닝 서비스를 본질적으로 개별화하는 지능형 개인 학습 환경을 구성하는 것을 가능하게 했다. 이 책은 저자가 지난 5년간 수행한 모든 노고를 요약하고 있지만, 이것으로 여정의 끝을 마무리 짓는 것은 아니다. e-러닝 및 온라인 교육 전반에서 인간의 상호작용 및 태도를 개선시킬 것이라 기대되는 미래 온라인 교육 및 지능형 e-러닝 플랫폼에 대한 새로운 연구 방법이 발견됨에 따라 미래 e-러닝이 시작되었음을 밝히고자 하였다.

참고문헌

1. Rubens, N., Kaplan, D., Okamoto, T.: E-Learning 3.0: anyone, anywhere, anytime, and AI in dickson C.K.W. In: Minhong, W., Elvira, P., Qing, L., Rynson, L. (eds.) New Horizons in Web Based Learning: ICWL 2011 International Workshops, KMEL, ELSM, and SPeL, Hong Kong, pp. 171-180. Springer, Berlin (2014)
2. Miranda,P., Isaias, P., Costa, C.J.: E-Learning and Web Generations: Towards Web 3.0 and E-Learning 3.0, 4th International Conference on Education, Research and Innovation, vol. 81. IACSIT Press, Singapore. (2014)
3. Hussain, F.: E-Learning 3.0=E-Learning 2.0+Web 3.0? IADIS International Conference on Cognition and Exploratory Learning in Digital Age (CELDA 2012) pp. 11-18. (2012)
4. Amarin, N.Z.: Web 3.0 and its reflections on the future of e-learning. Acad. J. Sci. 115-121 (2015)
5. Wheeler, S.: e-Learning 3.0 (2009). http://www.steve-wheeler.co.uk/2009/04/learning-30.html Cited 12 March 2017
6. Hussein, M.: Transition to Web 3.0: E-Learning 3.0 opportunities and challenges. EELU ICEL 2014 International conference on e-learning. Cairo, Egypt. (2014)

Glossary

Adaptive Learning Theory (적응형 학습이론) 각 학습자의 구체적이고 고유한 요구사항을 수용할 수 있도록 교육 자원을 수요자에 맞춤화하기 위한 기술의 사용을 개념화한 학습이론

Ambient Intelligence – AmI (주변 지능) 인공지능은 방, 사무실, 집, 보트, 자동차, 비행기 또는 도시와 같은 모든 주변 환경에 적용되었음. 사용자 또는 학습자를 둘러싼 주변 환경은 사용자의 고유성을 지능적으로 인식하고 그에 따라 개인화된 방식으로 반응함.

Artificial Intelligence – AI (인공지능) 인간의 행동을 시뮬레이션하기 위한 컴퓨터 프로그램을 개발하기 위해 컴퓨터 과학 기술의 사용. 이러한 프로그램은 일반적으로 사람이 해야 하는 작업을 수행하므로 단순한 컴퓨터 작업과 비교할 때 부가적인 가치를 전달함.

Connectivism Learning Theory (연결주의 학습이론) Siemens[1]가 처음 제시한 이 이론은 디지털 정보화 시대에 지식은 인간과 비인간 모두의 여러 출처로부터 영향을 받은 산물이라고 가정함. 개인이 의미 만들기 연습에서 다양한 정보 소스의 모든 연결을 조정할 수 있을 때 학습이 발생함.

Crowdsourcing (크라우드소싱) 공통의 목표를 위해 정보를 일괄적으로 제공하고 집계하기 위해 온라인 사용자를 활용함. 처음에는 Jeff Howe와 Mark Robinson이 상업 단체가 World-Wide Web을 통해 일반 대중들에게 작업을 아웃소싱하는 방법을 설명하기 위해 고안했음[2].

e-Learning (e-러닝) e-러닝은 학습과 네트워크의 융합인 인터넷 타임(Internet time)에서 학습을 의미함. e-러닝은 기업 교육이 나아가야 할 방

향임. e-Learning은 eBusiness가 비즈니스에 해당하는 것처럼 전통적인 교육임[3]. 수년에 걸쳐 기술이 발전함에 따라 다양한 버전과 세대의 e-러닝이 존재함.

Internet of Things – IoT (사물인터넷) 세계에 있는 모든 사물의 전자 네트워크는 서로 통신하고 조정하는 능력으로 고유하게 식별됨. 스마트 장치는 데이터를 송수신할 수 있는 일상적인 물체에 내장될 수도 있음.

Learning Technologies (학습 테크놀로지) 학습을 촉진하고 지원하는 데 사용할 수 있는 다양한 미디어, 기술 기반 애플리케이션 및 도구임. 학습 테크놀로지에는 특정 기술과 태도가 필요한 21세기 디지털 습관도 포함됨.

Pedagogy (페다고지) 가르침의 예술과 과학. 일반적으로 당연한 것으로 간주되지만 효과적인 교육에는 특정 기술과 경험이 필요함. 교육자는 선택한 학습 매체의 사용을 최적화하기 위해 많은 교육 전략을 사용할 수 있음.

Personal Learning Environment – PLE (개인 학습 환경) 학습자가 사용하는 개인 학습 도구, 서비스 및 커뮤니티의 조합임. 전자적 개인 학습 공간은 전통적으로 개인 학습 네트워크와 개인 학습 포트폴리오의 두 가지 구성 요소로 구성됨.

Personal Learning Network – PLN (개인 학습 네트워크) 학습자가 상호작용할 수 있고 개인적 사용을 위해 정보와 지식을 추출하는 가상 및 비공식적인 친구 및 자원 네트워크임. 개인 학습 네트워크는 일반적으로 개인 학습 환경의 일부를 형성함.

Personal Learning Portfolio – PLP (개인 학습 포트폴리오) 특정 학습자의 교육적 증거 역할을 하는 학술적 작업의 개요서임. 일반적으로 개인 학습 환경의 일부이며, 학습자를 평가하고, 학업 기록을 유지하며 학습자에 대한 피드백 역할을 하는 데 사용됨.

Self-Determinism Learning Theory (자기결정성 이론) 학습 환경 내에서 자아의 동기를 촉진하는 학습이론. Deci와 Ryan[4]의 교육 영역에 적용되는 내재적 및 외재적 동기 및 기본적인 심리적 요구에 대한 초기 이론.

Social Constructivism Learning Theory (사회적 구성주의 학습이론) Vygotsky[5]가 제기한 이론으로, 학습자가 처한 사회적 맥락에 의해 의미 만들기가 어떻게 도움이 될 수 있는지를 설명함. 따라서 커뮤니티와 협업 활동은 학습에 중요한 영향을 미침.

Social Networks (소셜 네트워크) 이 용어는 공동체 내의 개인들 간의 연결을 가리킴. Christakis와 Fowler[6]는 이것을 두 가지 요소로 구성된 조직화된 집합으로 정의함.

Technology Acceptance Model – TAM (테크놀로지 수용 모델) Davis [7]의 추론적 행동 이론에 기초하여, 학습자가 e-러닝 환경과 같은 시스템을 어떻게 수용하며, 유용하고 쉽게 사용할 수 있는지를 모델링함.

Virtual Learning Environment – VLE (가상학습환경) 이 용어는 학습에 사용되는 가상공간을 포괄함. 이러한 환경에는 LMS(학습 관리 시스템), MUVE(다중 사용자 가상 환경), VW(가상 세계) 및 기능성 게임이 포함될 수 있음.

Web 2.0 ORAILY[8]는 웹 사이트가 사용자 생성 콘텐츠를 허용하여 웹 사용자가 자신의 자료와 기타 자료를 작성, 기여, 공유 및 배포하도록 장려하는 WWW의 진화 내 단계를 구분하기 위해 이 용어를 만들었음. 소셜 미디어는 이 특정 단계의 직접적인 결과로서 이전의 정적인 읽기 전용과는 대조적으로 동적인 특성을 가지고 있음.

World-Wide Web – WWW 방대한 지식 기반 정보는 인터넷이라고 알려진 전 세계의 서버 네트워크상에 퍼져 있음. WWW의 다른 세대는 이 기술이 짧은 기간 동안 읽기 전용에서 읽기-쓰기 및 공유로 급진적으로 변화한 방식을 보여줌.

참고문헌

1. Siemens, G.: Connectivism: A Learning Theory for the Digital Age (2004). http://www.elearnspace.org/Articles/connectivism.htm Cited 12 Feb 2013
2. Howe, J., Robinson, M.: The Rise of Crowdsourcing in Wired (2006). https://www.wired.com/2006/06/crowds/ Cited 23 Feb 2015
3. Cross, J.: An informal history of eLearning. On Horiz. 12(3), 103-110 (2004). Emerald
4. Deci, E., Ryan, R.: Intrinsic Motivation and Self-Determination in Human Behavior. Plenum Press, New York (1985)
5. Vygotsky, L.: Interaction between learning and development. In: Gauvain, M., Cole, M. (eds.) Readings on the Development of Children, pp. 29-36. W.H. Freeman and Company, New York (1997)
6. Christakis, N., Fowler, J.: Connected: The Amazing Power of Social Networks and How They Shape Our Lives. HarperCollins Publishers, London (2011)
7. Davis, F.: User acceptance of information technology: system characteristics, user perceptions and behavioral impacts. Int. J. Man-Mach. Stud. 38(3), 475-487 (1993)
8. O'Reilly, T.: What Is Web 2.0 Design Patterns and Business Models for the Next Generation of Software (2005). http://www.oreilly.com/pub/a/web2/archive/what-is-web-20.html?page=1 Cited 18 Jan 2015

찾아보기

인명색인

사항색인

[국문]

역자 소개

임유진

이화여자대학교 교육공학과에서 석사, 박사 학위를 받았으며 현재 성균관대학교 교육대학원의 초빙교수로 재직 중이다. 교육부 중앙교육연수원의 공무원 대상 AI 교육과정 개발 과제의 연구 책임자였으며, 서울특별시교육청 교육연구정보원 교육정책연구소, 한국문화예술교육진흥원, 국립 서울과학기술대학교 등에서 에듀테크와 MOOC 관련 교육 정책 자문 및 공동 연구를 수행하였다.

홍유나

이화여자대학교에서 교육공학 석사, 박사 학위를 받고 현재 인천재능대학교 유아교육과 조교수로 재직 중이며 AI 전담교수 및 교육혁신센터장을 맡고 있다. 교육부, 고용부, 한국직업능력개발원, 한국산업인력공단, 한국전문대학교육협의회 등에서 미래 직업교육, 지능정보기술 인재양성, 에듀테크, 실감형 콘텐츠 관련 자문 및 연구를 수행하였다.

김세영

이화여자대학교 교육공학과에서 학사, 석사, 박사 학위를 받았으며 현재 서강대학교 교수학습센터 연구교수로 재직 중이다. 한국교육학술정보원 한국의 교육정보화 모델 현행화 사업에 연구원으로 참여하였으며, 대학의 학습관리시스템 및 커리어 지원 시스템 구축, 플립드러닝 및 MOOC 교수설계 등과 관련한 자문과 연구를 수행하였다.

김보경

이화여자대학교 컴퓨터교육 석사, 교육공학 박사 학위를 받았으며 현재 서울여자간호대학교 조교수로 재직 중이다. 일성신약 전산실 및 삼성서울병원 정보전략팀에서 시스템 엔지니어로 근무하였고, 박사 취득 후 서울특별시교육청 교육연구정보원 교육정책연구소, 한국교육개발원에서 근무하며 국가교육정책연구 및 온라인 콘텐츠 기획 및 개발 업무 등을 수행하였다.

미래의 온라인 교육: AI 기반 e-러닝과 개인화 학습
AI Injected e-Learning: The Future of Online Education

초판발행 2021년 5월 3일

지은이 Matthew Montebello
옮긴이 임유진 · 홍유나 · 김세영 · 김보경
펴낸이 노 현

편 집 황정원
기획/마케팅 이후근
표지디자인 박현정
제 작 고철민 · 조영환

펴낸곳 ㈜ 피와이메이트
서울특별시 금천구 가산디지털2로 53, 한라시그마밸리 210호(가산동)
등록 2014. 2. 12. 제2018-000080호
전 화 02)733-6771
f a x 02)736-4818
e-mail pys@pybook.co.kr
homepage www.pybook.co.kr
ISBN 979-11-6519-161-0 93370

정 가 10,000원